# 管理会計って何だろう
──町のパン屋さんからトヨタまで──

香取　徹［著］

創 成 社

# はしがき

　この本は管理会計の入門書です。管理会計の本はたくさん出版されています。それほど役に立ち大切な分野だからです。私は管理会計という分野がとても面白いと思っているので，それを皆さんに少しでも伝えたいと思ってこの本を書きました。

　読者として考えているのは，文系の大学や専門学校の1，2年生や理系で就職して会社の仕事に少し関心を持ち始めた人，あるいは簿記は学んだことがあるけど管理会計は初めてという人，そしてもう一度，管理会計をはじめから学んでみようという人たちです。

　「会社の利益はどうして生まれてくるのか？」「どうやって利益を増やそうか？」「利益ってそんなに大切なのか？」そんな素朴な疑問に答えるための切り口，入り口に立つことができることを期待しています。

　管理会計から会社を見ると，今までとは違った新しい視点で会社を見ることができると思います。これから就職しようとする人は，会社で行われていることに驚くことでしょうし，働いている方は自分の会社で今何が起こっているのか，関心や興味を持って見ることができると思います。

　最後に，読者の皆さんが管理会計に少しでも興味を持っていただけたら幸いです。

　平成最後の年 31 年春

香取　徹

# 目　次

はしがき

> 第 1 部　市場・顧客の管理会計

## 1 管理会計 ——————————————————— 2
1-1. 管理会計とは …………………………………………………… 2
1-2. 管理会計はどこで役立つか ………………………………… 3
1-3. 管理会計は計算？ …………………………………………… 4
1-4. 管理会計にはどんな計算や技法があるか？ ………………… 5

## 2 管理会計の原価 ——————————————— 8
2-1. 管理会計と意思決定 ………………………………………… 8
2-2. 埋没原価 ……………………………………………………… 9
2-3. 機会原価 ……………………………………………………… 9
2-4. 差額原価 ………………………………………………………10
2-5. 取替えにともなう原価 ………………………………………11

## 3 価格の決定 ———————————————————— 16
3-1. 原価と販売価格 ………………………………………………16
3-2. 原価の分類 ……………………………………………………16
3-3. 原価から販売価格を求める …………………………………18
3-4. 市場から販売価格を求める …………………………………20
3-5. 値下げの価格決定 ……………………………………………22

## 4 企業の社会的責任 —————————————— 26
4-1. 企業の社会的責任とは ………………………………………26
4-2. 社会的責任のタイプ …………………………………………27
4-3. タイプ 1：通常の企業活動の中で社会的責任を果たすタイプ …………28
4-4. タイプ 2：通常の企業活動の中で積極的に社会的責任を果たすタイプ ……29
4-5. タイプ 3：通常の企業活動を超えて社会に貢献するタイプ …………………31

## 5 原価を企画する ——————————————— 38
5-1. 原価を企画する（原価企画）とは何か ………………………38
5-2. 原価の作り込み ………………………………………………40
5-3. VE による価値向上 …………………………………………42
5-4. 原価企画を適用できる産業 …………………………………43
5-5. 原価企画の逆機能と課題 ……………………………………44

## 6 バランスト・スコアカード ———————— 48
6-1. バランスト・スコアカードとは ………………………………48
6-2. 戦略マップ：戦略テーマと戦略目標 …………………………50
6-3. 戦略の実行 ……………………………………………………51
6-4. バランスト・スコアカードによる業績評価とその利用 …………53
6-5. 戦略テーマを立てる …………………………………………54

## 7 品質の原価 ———————————————————— 58
7-1. 品質の原価（品質コスト）とは ………………………………58

目　次 | v

　　7-2. 品質コスト・マネジメント ……………………………………………59
　　7-3. 品質管理への取り組み …………………………………………………61
　　7-4. 隠れた品質コスト ………………………………………………………62
　　7-5. 過剰品質 …………………………………………………………………63

## 8　制約の理論 ——————————————————— 66
　　8-1. ボトルネックとは ………………………………………………………66
　　8-2. 2 つの制約と異なる利益 ………………………………………………67
　　8-3. ボトルネックの管理 ……………………………………………………69

## 9　サプライチェーン・マネジメント ——————— 72
　　9-1. サプライチェーン・マネジメントとは ………………………………72
　　9-2. 事例：ファーストリテイリング（ユニクロ）………………………74
　　9-3. 事例：トヨタ ……………………………………………………………75
　　9-4. サプライチェーン・マネジメントとリスクマネジメント…………76

## 10　投資の経済性計算 ———————————————— 80
　　10-1. 資金の時間的価値 ………………………………………………………80
　　10-2. 現在価値に割り引く ……………………………………………………81
　　10-3. 採算性の評価方法 ………………………………………………………82
　　10-4. 金額：いくらもうけがあるか …………………………………………83
　　10-5. 効率：いくらの効率でもうかるか ……………………………………85
　　10-6. 期間：何年でもうけがでるか …………………………………………88
　　10-7. 投資の採算性 ……………………………………………………………89

第 2 部　企業内部の管理会計

## 11　予算の管理 ——————————————————— 94
　　11-1. 予算とは …………………………………………………………………94
　　11-2. 計画と予算 ………………………………………………………………94
　　11-3. 予算の種類 ………………………………………………………………95
　　11-4. 予算管理のプロセス ……………………………………………………96
　　11-5. 予算と実際の差異 ………………………………………………………98
　　11-6. 予算管理の課題 …………………………………………………………99

## 12　標準の原価 ——————————————————— 102
　　12-1. 標準の原価（標準原価計算）とは ………………………………… 102
　　12-2. 実際原価計算の欠陥 ………………………………………………… 102
　　12-3. 標準とは ……………………………………………………………… 103
　　12-4. 標準と実際との差異 ………………………………………………… 104
　　12-5. 標準原価計算の特徴と限界 ………………………………………… 109

## 13　活動の原価 ——————————————————— 112
　　13-1. 伝統的な原価計算 …………………………………………………… 112
　　13-2. 活動基準原価計算とは ……………………………………………… 113
　　13-3. 伝統的な原価計算と活動基準原価計算の比較 …………………… 115
　　13-4. 活動基準原価管理 …………………………………………………… 116
　　13-5. 活動基準予算管理 …………………………………………………… 117
　　13-6. 活動基準原価計算の採用と問題 …………………………………… 118

# 14 在庫の管理 ——————————————— 120
14-1. 在庫管理の重要性 ……………………………… 120
14-2. 生産の形態と在庫 ……………………………… 121
14-3. 経済的発注量 ………………………………… 123
14-4. トヨタのカンバン方式 ………………………… 125

# 15 環境のための管理会計 ——————————— 130
15-1. 環境会計 ……………………………………… 130
15-2. マテリアルフロー・コスト会計 ……………… 131
15-3. サプライチェーンと環境 ……………………… 136
15-4. ライフサイクルコストと環境 ………………… 137

# 16 利益の原価計算 ———————————————— 140
16-1. 変動費・固定費 ……………………………… 140
16-2. 全部原価計算と直接原価計算 ………………… 140
16-3. 全部原価計算と直接原価計算の利益の相違 … 141
16-4. 全部原価計算と直接原価計算の異なる目的 … 145
16-5. 固変分解 ……………………………………… 146

# 17 損益の分かれ目 ———————————————— 148
17-1. 利益が出る仕組み ……………………………… 148
17-2. 変動費・固定費と損益分岐点 ………………… 148
17-3. 限界利益と損益分岐点 ………………………… 150
17-4. CVP 分析 ……………………………………… 152
17-5. 損益分岐点比率と安全余裕率 ………………… 153
17-6. 損益分岐点を下げるには ……………………… 154
17-7. 変動費型企業と固定費型企業 ………………… 155

# 18 ミニプロフィットセンター —————————— 158
18-1. 責任センター ………………………………… 158
18-2. ミニプロフィットセンターとは ……………… 159
18-3. 京セラのアメーバ経営 ………………………… 160
18-4. 事例：JAL ……………………………………… 163
18-5. 事例：病院 …………………………………… 164

# 19 事業部制って何だ ———————————————— 168
19-1. 職能別組織と事業部制組織 …………………… 168
19-2. 日本とアメリカの事業部の違い ……………… 170
19-3. 事業がいいのか事業部長が優秀なのか ……… 173
19-4. 事業部の業績評価 ……………………………… 174

# 20 組織の再編とシェアード・サービス ————— 178
20-1. 組織の変更 …………………………………… 178
20-2. 事業部制からカンパニー制へ ………………… 178
20-3. カンパニー制の問題 …………………………… 180
20-4. カンパニー制から持株会社制度へ …………… 181
20-5. シェアード・サービス ………………………… 183

# 第1部

## 市場・顧客の
## 管理会計

# 1 管理会計

## 1-1. 管理会計とは

　管理会計とは，利益を増やすための会計のことです。なぜ利益を増やすことが大切なのでしょうか。それは，多くの人を幸せにするからです。利益が増えると株価が値上がりするので，その会社の株を所有している株主は，株を売って利益を得ます。会社にお金を貸している銀行は，自分たちが貸したお金がうまく運用されていることを喜びます。会社で働く従業員は，給料やボーナスが増えます。会社は国に多額の税金を納め，会社のある地域の商店は社員が買い物をして潤い，部品や材料を納入している会社も繁盛します。このように会社が利益を増やすことは，企業に関係のある人々（利害関係者：ステークホルダー）を幸せにすることができます。このことを「企業価値が高まる」といいます。

　企業価値が高まると，さらに良いことがあります。例えば，その会社で働く従業員は，「自分たちの会社」で働くことに喜びと誇りを感じて一層頑張るようになります。高品質で低価格の製品は，消費者から高い評価を得ます。その結果，利益はますます増えて企業価値も高まるという，好循環が生まれます。

　一方，劣悪な品質の商品偽装，粉飾決算，環境汚染などが明らかになると，商品が売れなくなるので株価は下がり，株主は大きな損害を受けます。銀行も，貸したお金が返済できるか心配になります。従業員は給料やボーナスが減り解雇されるかもしれませんし，部品の納入業者は注文が減ります。地域住民は環境汚染に対して抗議するかもしれません。そして，企業価値は地に落ちてしまいま

す。一度落ちた信用や評判（レピュテーション）は簡単には元に戻りません。

　このように，利益の増減は多くのステークホルダーに影響して，企業価値の増減にも関わっています。利益を増やすための会計である管理会計が注目される理由は，ここにあります。

## 1-2.　管理会計はどこで役立つか

　会社のどの部署で，管理会計は役に立つのでしょうか。誰が管理会計の仕事をしているのでしょうか？　実はいろいろなところで使われているのです。

　営業部では，どの商品をいくらで売ろうか，どうやって利益を上げるか，いつも検討しています。売れ筋商品，新商品，いつも安定して売れる成熟商品もあります。低価格で大量に売る（薄利多売）か高価格で少量売るか，専門店で売るか量販店で売るか，そのために販売促進費や広告宣伝費をいくらかけるか，何人の営業部員が必要か，そして顧客はこの商品を買って喜んでいるか，これらすべてが管理会計の計算の対象です。

　工場では，どの製品をいくらの原価で作り，どうやって原価を下げるか，いつも検討しています。安くて良い品質の材料や部品をどこから買い入れるか，製造の工程でどれだけの無駄が生じているか，製造時間がかかり過ぎていないか，倉庫に在庫が多すぎないか，搬送のトラックは足りているか，そして顧客はこの製品の機能に満足しているか，これもすべて管理会計の対象です。

　設計・開発部では，新商品がどのような機能を持てば売れるか，それを安く作るためにどのように設計するか，試作を繰り返しています。そのための原価もすべて管理会計の対象です。

　人事部では，新人を何人採用するか，どのような技能を習得させるか，そのための採用活動費や研修費用はいくらまでかければいい

か，そして従業員は満足して働いているか，これも管理会計の対象です。

　そして，会社の仕事をうまく機能させるために，今のままの組織でいいか，会社の理念は活かされているか，戦略はうまく実行されているか，さらに会社が社会に貢献しているか，これも利益を増やすための管理会計の大切な対象なのです。

　このように管理会計は会社のあらゆるところで役立っています。

## 1-3.　管理会計は計算？

　管理会計は利益を増やすことが目的ですから，原価や利益を計算しますが，計算だけでなく原価や利益に対する考え方や技法があります。「利益に対する考え方」とは何でしょうか。

　利益に対する考え方には大きく分けて2つあります。財務会計（Financial Accounting）と管理会計（Management Accounting）です。この2つの会計は「利益」を考えることでは一致しているのですが，財務会計は「利益を正しく求めること」を，管理会計は「利益を増やすこと」を目的としています。会計というと簿記，決算書や貸借対照表，損益計算書などを思い浮かべる人が多いと思いますが，それは財務会計のことです。

　財務会計の目的は，正しい決算書を作成して公表することです。企業には，株主，銀行や従業員など企業の利益に関心のある利害関係者（ステークホルダー）がいます。ステークホルダーに対して，企業は1年間にどれだけ利益をあげたか（損益計算書），現在の財産はいくらあるか（貸借対照表），資金はいくら残っているのか（キャッシュフロー計算書）などの情報を公表しますから，「公正な情報」でなければなりません。そのため財務会計では，会計基準などに従って正しい利益を正確に求めることが目的です。

　一方，管理会計の目的は利益を増やすことなので，企業内部の経

営者や従業員に対して，どうしたら利益が増えるかという「役に立つ情報」でなければなりません。

例えば，1個300円で製造した製品を400円で売る計画を立てている会社があります。財務会計では，この製品の原価300円を正しく求めます。なぜならば，400円で販売するのですから，原価を正しく計算しないと利益が正確になりません。それに対して管理会計では，この製品がいくらで売れるのか，もっと安く作れないのかに関心があります。もしこの製品がまったく売れないのであれば価値はゼロですし，300円より安く製造できれば，利益は増えることになります。このように，財務会計は公正で正確な情報を，管理会計は役に立つ情報が重要なのです。

### 1-4. 管理会計にはどんな計算や技法があるか？

管理会計の計算や技法を，この本では2つに分けて考えることにしました。

1つは，市場から考えた顧客のための技法や計算です。市場を中心に考えることが，顧客，従業員や多くの利害関係者を満足させることになり，企業の利益になるからです。価格決定，企業の社会的責任，原価企画，バランスト・スコアカード，品質原価計算，制約の理論，サプライチェーン・マネジメント，資本予算などがあります。

もう1つは，企業内部から考えた管理のための技法や計算です。これは企業が使う計算方法や内部の組織に関わるものです。予算管理，標準原価計算，活動基準原価計算，在庫管理，環境管理会計，直接原価計算，損益分岐点分析，ミニプロフィットセンター，事業部制，事業再編などがあります。

これらの管理会計の計算や技法は，今から100年前，20世紀初頭から人類の英知が少しずつ生み出したものです。アメリカでは産

業革命を経て近代企業が出現すると，大規模な組織の経営を管理する必要が生じました。そのために必要な経営管理の情報が，管理会計でした。管理会計の技法や計算は，時代とともに新しく生まれ変化してきましたが，常に「利益を増やす」ために「役に立つ技法や計算」が求められ続けてきたのです。

　会社のトップである社長は会社の未来を描き，社員全員に会社の向かうべき方針を示します。これを「トップ・マネジメント」といいます。トップ・マネジメントは長期的な基本方針を決定し，経営計画を立てることで，「戦略を策定」します。そしてこの長期計画に従って，事業部長（専務や常務）が各事業で戦略的計画を実行します。これを「マネジメント・コントロール」といいます。マネジメント・コントロールは，企業全体の目標を各事業の目標に具体化して実行することで，まさに管理会計が展開される場面です。管理会計の技法や計算方法によって，戦略的な計画が実際の目標となり，日常の業務である「オペレーショナル・コントロール」が行われます。

（参考文献）

櫻井通晴『管理会計』第6版，同文館出版，2015年。

## ケース： 管理会計の原価（機会原価）

# 接客アプリ，在庫確認 10 秒，エービーシー・マート，今月中に全店で導入，作業負担軽減，CS 向上へ

　靴専門店最大手の ABC マートは 12 月中に，国内全店舗で販売スタッフ用のスマートフォン（スマホ）向け接客アプリを導入する。スマホで店頭在庫を確認したり，店で扱いがない商品を検索したりできるようにする。手間のかかる在庫確認などの作業負担を軽減することでスタッフが接客に集中できる環境を整え，顧客満足度（CS）の向上につなげる。

　靴専門店「ABC マート」やスポーツ専門店「ABC マートスポーツ」など国内全 1,000 店で，独自開発した接客アプリ「S Navi（エスナビ）」の利用を始める。アルバイトを含めた販売スタッフ 1 万人弱が対象となる。

　従来は来店客から商品が店頭にあるかどうか聞かれた場合，スタッフは倉庫に足を運んで直接確認するか，パソコンで調べる手間がかかっていた。こうした在庫確認で平均 2～3 分かかっていたという。靴業界はサイズが多いため，ひとつの商品でも衣料品などに比べて多数の在庫を用意する必要があり，管理が難しいとされる。在庫確認に時間がかかりすぎると，来店客が待ちきれずに他店に行ってしまうなど，機会損失につながっていた。

　新アプリでは，スマホに商品コードを入力するだけで在庫情報がわかるため，10 秒程度で済む。在庫は自店だけでなく ABC マートで扱うすべての情報を確認でき，近隣の店舗に取りに行ったり，倉庫から客の自宅に配送したりといった対応が可能となる。

　将来的には災害時の安否確認機能なども取り入れる予定だ。少子高齢化などを受けて国内の靴市場は，大きな伸びを見込むことが難しいとされる。ABC マートは新アプリで既存店の活性化につなげる。（略）

2018/12/05　日経 MJ（流通新聞）

# 2 管理会計の原価

## 2-1. 管理会計と意思決定

　管理会計とは，利益を増やすための会計で，役に立つ計算や技法のことです。簡単に言えば，利益を増やすためには売上げを増やすか原価を減らすことです。売上げを増やすにはどうすればいいでしょうか。営業部では，どの製品をいくらで売るか，誰にどのようなサービスをするか，いくらまで販売単価を下げるか，広告宣伝費はいくらまでかけるか，などの方策を検討し決定します。では，原価を減らすにはどうすればいいでしょうか。工場では，原価を下げても良いものができるか，仕入れ値を下げる，無駄な経費を節約する，生産時間を短くする，不良品を出さないようにする，などを検討してその中から一番良い方策を選択します。そして，いくらの利益の増加になるか，会計のデータを利用して決定します。いろいろある案件の中から一番良い案件を選択することを「意思決定」といいます。

　経営企画，営業，製造，購買，設計，開発，人事など，経営トップから現場の従業員まで会社のいたるところで意思決定は行われています。そこで必要なのは，管理会計の計算や技法です。管理会計は，会計のデータを経営のあらゆる意思決定の場面で活用します。そして，管理会計による意思決定の結果が財務会計の利益として現れるのです。言いかえると，管理会計は「将来の計算」で，財務会計は「結果の計算」です。

　「コスト」は財務会計では「費用」ですが，管理会計では「原価」です。管理会計には特有の「原価」があります。では意思決定の場

2 管理会計の原価 | 9

面で管理会計と財務会計を比較して説明しましょう。

## 2-2. 埋没原価

A社の中古マンションが1,000万円で売りに出ています。このマンションを手に入れようと手付金200万円を支払いました。残金800万円を支払おうとしているときに、A社と同じマンションがB社から700万円で売りに出されました。もしB社のマンションを買うと、A社に支払った手付金200万円は戻ってきません。どちらのマンションを買った方が経済的でしょうか。

図表1.

|  | 値段 | 手付金 | 残金 |
|---|---|---|---|
| A社 | 1,000万円 | 200万円 | 800万円 |
| B社 | 700万円 |  | 700万円 |

管理会計では、意思決定はこれから支払う金額で比較します。ですからA社のマンションの残金800万円とB社のマンション700万円を比較します。したがって、B社の方が100万円少ないので経済的です。ところが、財務会計ではB社の場合、700万円支払ったほかに手付金200万円が損失になったと考えます。そしてこの手付金200万円のことを「埋没原価（サンクコスト）」といいます。管理会計では、意思決定のときに埋没原価を含めません。なぜなら、A社とB社どちらのマンションを購入しても、手付金の200万円は返ってこないからです。埋没原価は、意思決定よりも前に支払った原価なので、これからの意思決定では考えません。

## 2-3. 機会原価

ここに仕入原価800円、販売単価1,000円の商品が1つあります。2人のお客さんが同時にこの商品をほしい、と言いました。そ

こで 1 人のお客さんは，やむをえず諦めました。1 つしかない商品
は売れましたが，この場合，お店はいくらもうかったのでしょう
か。商品が 1 個売れたので，利益は 200 円ですか？

　財務会計では，1 個が売れたので売上 1,000 円から仕入原価 800
円を引いて，200 円の利益と考えます。一定の期間内の売上げに対
する原価を差し引いて利益を計算するからです。ところが，管理会
計では，商品が 2 個あれば 2 個売れていたのに，1 個しかなかった
ので 1 個分しか売れなかったと考えます。つまり，商品が 1 つしか
なかった場合と 2 つある場合とを比較して，その差額で考えます。
結果，図表 2. のように 200 円損をしたことになります。

図表 2.

(単位：円)

| | 現金支出 | 現金収入 | 現金収支 |
|---|---|---|---|
| 　　　商品が 1 つある場合 | 1,000 | 800 | 200 |
| （－）商品が 2 つある場合 | 2,000 | 1,600 | 400 |
| 商品が 1 つしかなかったことによる損失 | －1,000 | －800 | －200 |

　管理会計では，1 個しか売れなかったことで 200 円損をした，ど
うしたら利益を増やすことができるか，この場合では 2 個商品を仕
入れるべきだったと考えます。この「商品が 1 つしかなかったこと
による損失」のことを「機会原価」といいます。機会原価は，図表
2. のように現金収支の差額によって求める原価で，財務会計の費用
ではありませんが，意思決定には重要な原価です。

## 2-4.　差額原価

　C さんは手持ち資金 1,000 万円の使い道に迷っています。いつも
は定期預金に 1,000 万円預けていたのですが，ちょうど預金が満期
になるので，友人から勧められた株式投資を考えています。定期預

金は 1 年後には利息が付いて 1,100 万円になりますが，思い切って定期預金を解約し株式に投資することにしました。1 年後，幸い株価が値上がりして 1,080 万円で売却することができました。

　この場合，財務会計では売却価格は 1,080 万円，元金 1,000 万円ですから，利益は 80 万円となります。一方，管理会計では，この株式投資の資金は定期預金を解約して投資されたもので，解約しないでそのまま 1 年間預けておけば 1,100 万円になっていたはずなのに，それを 1,080 万円で売却したため，20 万円の損失となります。

図表 3.

（単位：万円）

|  | 現金収入 | 現金支出 | 現金収支 |
|---|---|---|---|
| 株式投資 | 1,080 | 1,000 | 80 |
| （−）定期預金 | 1,100 | 1,000 | 100 |
| 定期預金を止めて株式投資したことによる損失 | −20 | 0 | −20 |

　このように，管理会計では，株式投資と定期預金の 1 年後に手に入る現金を比較して，差額で考えます。財務会計では 80 万円の利益ですが，定期預金の利息よりも利益が少ない投資では成功とはいえません。管理会計ではこの定期預金の利息という情報を利用して，もっと有効な投資先を選定するべきだ，ということになります。この将来生じる原価の差額を「差額原価」といいます。意思決定は現金の差額原価で行います。

## 2-5. 取替えにともなう原価

　㈱清水では，600 万円で機械 A を購入しましたが，1 カ月後もっと性能の良い機械 B が 500 万円で発売されました。どちらの機械もあと 5 年間使うことができますが，このまま機械 A を使うと設備の稼働費用（機械を動かすための費用）は年間 250 万円かかり，機

械Bに取り替えると 100 万円で済みます。しかし、機械Aはすで
に 1 カ月使用したうえ改良してしまっており、売却しても高く売れ
ないので実質的に収入はゼロだということです。さてこのまま機械
Aを使うか、それとも機械Aを処分して機械Bに取り替えるか、
どちらが有利でしょうか。ただし、金利を考えないことにします。

(単位：万円)

|  | 購入額 | 年間稼動費用 |
|---|---|---|
| 機械 A | 600 | 250 |
| 機械 B | 500 | 100 |

　今持っている資産を新しい資産に取り替える場合、取替えにかか
る費用を「取替原価」といいます。取替えでは、今持っている資産
を処分することが多いので、その資産の帳簿上の価額と実際の売却
価額との差額が生じます。財務会計では、この差額を「固定資産売
却損（益）」といいます。この場合は 600 万円が固定資産売却損で
す。取替えは、財務会計では取替原価の資金のほかに固定資産売却
損が発生します。
　一方、管理会計では、取替えから生じる固定資産売却損は考えま
せん。この 600 万円は、機械Aをこのまま使用しても機械Bに取
り替えても戻ってこないからです。取替えの意思決定では、このま
ま 5 年間機械Aを使用するために必要な現金（稼働費用）と、機械
Bに取り替えた場合に必要な現金（取替原価と稼働費用の合計）とを
比較します。

図表 4.

（単位：万円）

| | 購入額 | 稼働費用 | 合計 |
|---|---|---|---|
| 機械 B に取り替える | 500 | 100×5＝500 | 1,000 |
| （－）機械 A を使用 | | 250×5＝1,250 | 1,250 |
| 取替えによるコスト | | | －250 |

　図表 4. によって，機械 B に取り替えた方が有利となります。取替えでは，固定資産売却損を考えずに，これから生じる現金の差額で意思決定します。

　このように管理会計の「現金の差額」で考えることで，意思決定ができます。

---

**⚠ 第 2 章のまとめ**

☐　管理会計の原価と財務会計の原価はまったく違う。

☐　意思決定するときは，管理会計の原価を使う。

---

参考文献

香取　徹『意思決定の管理会計』改訂版，創成社，2018 年。

.

**ケース：　価格の決定**

# USJ 値上げ，危うさも，東京ディズニーより 500 円高に，大型施設の開業，当面なく

　　ユー・エス・ジェイ（大阪市）は，ユニバーサル・スタジオ・ジャパン（USJ）のチケットを 9 年連続で値上げする。大型投資の継続や海外のテーマパークと比べての値ごろ感から，値上げをしても集客は続くと判断した。ただ，2018 年は大型アトラクションの開業がない端境期。17 年に値上げをしなかった東京ディズニーリゾート（TDR）と価格差も広がり，今回の値上げには危うさも潜んでいる。

　　USJ は 18 年 1 月末から大人 1 人当たりの 1 日券を 300 円引き上げ，7,900 円にする。値上げ幅は直近 2 回よりも 100 円大きい。地元の利用客が多い年間パスポートも，今年 11 月に 2 万 3,800 円と 1,000 円引き上げている。

　　USJ ではこの数年，アトラクションで大型投資が相次ぐ。14 年は映画「ハリー・ポッター」がテーマのエリア（投資額 450 億円）を開業。16 年は大型ジェットコースター「ザ・フライング・ダイナソー」（同 100 億円），17 年は「ミニオン・パーク」（同 100 億円）をそれぞれ開設。今後も 600 億円超と過去最高の投資となる「スーパー・ニンテンドー・ワールド」が控える。

　　投資の成果から 17 年度の入場者数は過去最高だった 16 年度の 1,460 万人を上回る見通し。親会社の米コムキャストの日米のテーマパーク事業の売上高も，1〜9 月期は前年比で 1 割増となった。値上げをしても投資をすれば集客が見込める，と判断した。

　　海外のテーマパークと比べて料金水準が低いことも値上げの理由だ。米国では，ユニバーサル・オーランド・リゾート（110〜124 ドル，円換算で大人 1 人 1 万 2,400〜1 万 4,000 円）をはじめ 1 万円以上が多い。インバウンド（訪日外国人）の USJ への来場者数が 17 年は 200 万人を突破する中，国際的に割安感が残るためだ。（略）　　　　　　　　　　　　　　　2017/12/28　日本経済新聞

# 3 価格の決定

## 3-1. 原価と販売価格

　販売価格はどのように決めるのでしょうか。販売価格から原価を引いたものが利益です。企業は利益を上げることが目的ですから，利益を増やすためには販売価格は原価以上でなければならないのでしょうか。販売価格を決定する方法は大きく分けて2つあります。1つは原価から考える方法で，作る側（プロダクトアウト）から価格を決める方法です。もう1つは市場から考える方法で，買う側（マーケットイン）から決める方法です。

## 3-2. 原価の分類

　まず，原価を理解するために原価を分類してみましょう。製品の原価は「製造原価」といいます。製造原価には2つの分類方法があります。①形態別分類と②直接製品の一部であるかどうかによる分類です。机を製造している家具工場で考えてみましょう。

① 形態別分類

　製造原価を「材料費」，「労務費」，「経費」に分類します。材料費は，製品の材料にかかった費用です。机を製造する板は材料費です。労務費は製品の製造に関わった人の人件費で，机を作る工具の賃金やボーナスなどです。これ以外にかかった費用，例えば，工場の家賃，水道や電力料金などが経費です。

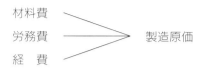

② 直接製品の一部であるかどうかによる分類

　製品を作るときに，直接製品の一部であるかどうかで「直接費」（製造直接費）と「間接費」（製造間接費）に分類します。机を製造する板は，製品の一部であることがわかりますから直接費ですが，接着剤や机を作る工具は，机の一部であることがわかりませんから間接費です。

材料費・労務費・経費にはそれぞれ直接費・間接費があり，「直接材料費」「直接労務費」「直接経費」「間接材料費」「間接労務費」「間接経費」となります。

| 製造原価 | 直接費 | 直接材料費 | 製品に直接使用される部品や材料 |
|---|---|---|---|
| | | 直接労務費 | 組立や切削など製造に関わる作業員の賃金 |
| | | 直接経費 | 外注加工賃（加工を委託した費用）など |
| | 間接費 | 間接材料費 | 塗料，油，工具など |
| | | 間接労務費 | 工場の事務員やパート賃金 |
| | | 間接経費 | 工場の減価償却費，ガス代，電気料金など |

このうち直接材料費以外を「加工費」といいます。この製品の製造原価に営業費などの「販売費・一般管理費」を加えたものを「総原価」といいます。この総原価と販売価格との差額が利益です。

**原価と販売価格**

| 直接材料費 | | 製造直接費 | 製造原価 | 総原価 | 販売価格 |
|---|---|---|---|---|---|
| 直接労務費 | 加工費 | 製造直接費 | 製造原価 | 総原価 | 販売価格 |
| 直 接 経 費 | 加工費 | 製造直接費 | 製造原価 | 総原価 | 販売価格 |
| 間接材料費 | 加工費 | 製造間接費 | 製造原価 | 総原価 | 販売価格 |
| 間接労務費 | 加工費 | 製造間接費 | 製造原価 | 総原価 | 販売価格 |
| 間 接 経 費 | 加工費 | 製造間接費 | 製造原価 | 総原価 | 販売価格 |
| | | | 販売費・一般管理費 | | |
| | | | | 利益 | |

## 3-3. 原価から販売価格を求める

原価から販売価格を求める方法は，総原価に利益を加えて販売価格を決定する方法で，「コストプラス法」といいます。

価格＝総原価（製造原価＋販売費・一般管理費）＋利益

総原価に加算する利益をどのように計算するかで，①総原価法，②加工費法，③投資利益率法，④売上高利益率法などがあります。これらの方法は，総原価に一定率をかけて利益を求める方法です。各方法で販売価格を計算してみましょう。

総原価 100 円（内加工費 80 円）

マークアップ率（目標利益率：目標とする利益率）20%

投資利益率（投資額に対する利益の割合：利益額÷投資額）30%

売上高利益率（売上高に対する利益の割合：利益額÷売上高）25%

製品の販売数量 10,000 個，製品生産のための投資額 1,500,000 円

③ 価格の決定 | 19

① 総原価法：総原価に目標とするマークアップ率を掛けて利益を計算し，総原価に加算して販売価格とする方法です。

価格＝総原価＋（総原価×マークアップ率）＝100＋100×20％
　　　＝120円

② 加工費法：直接材料費以外の原価である加工費にマークアップ率を掛けて利益を計算する方法です。直接材料を加工することで価値が高まると考える方法です。

価格＝総原価＋（加工費×マークアップ率）＝100＋（80×20％）
　　　＝116円

③ 投資利益率法：製品生産のための投資額に投資利益率を掛けて目標とする利益を計算し，これを販売数量で割ると，1個当たりの利益が計算できます。

$$価格＝総原価＋\frac{（投資額×投資利益率）}{販売数量}$$

$$＝100＋\frac{（1,500,000×30％）}{10,000}＝145円$$

④ 売上高利益率法：売上高利益率を用いる方法です。

$$売上高利益率＝\frac{利益}{販売価格}＝\frac{（販売価格－総原価）}{販売価格}$$

$$＝1－\frac{総原価}{販売価格}$$

$$1－売上高利益率＝\frac{総原価}{販売価格}$$

$$販売価格 = \frac{総原価}{(1-売上高利益利率)} = \frac{100}{(1-25\%)} = 133\,円$$

　原価から販売価格を決める方法は，生産側（売る側）からの価格決定です。19世紀末に原価計算が誕生したのは，販売価格を決めるために実際の原価を正確に計算する必要があったからです。それ以降現在まで，この方法は永く利用されてきました。特に，注文生産品や公共性の高い製品の価格決定に利用されています。

### 3-4. 市場から販売価格を求める

　販売価格は市場の競争状況に大きく影響されます。一般に，競争が激しい状況では販売価格は低下し，競争が激しくない独占的な状況では販売価格は上昇します。1970年代末からアメリカの航空業界は規制緩和が進み，新規参入の航空会社も増えて航空料金が下がりましたが，1990年頃から破綻，合併による再編が始まり，デルタ，ユナイテッドとアメリカンの3社の独占化が進み，航空料金が高くなりました。その後9.11事件や石油価格の高騰などの影響で旅客需要が減少しましたが，LCC（格安航空会社）のサウスウェストを加えて4社の市場全体に占める割合（市場シェア）の合計は，約70％と独占化が進んでいます。

　新製品を市場に売り出す場合，戦略的な販売価格の設定が行われます。一般的に2つの価格戦略があります。「すくい上げ価格戦略」（スキミング）と「市場浸透価格戦略」（ペネトレーション）です。すくい上げ価格戦略は，発売時は比較的高価格を設定して，商品の普及とともに価格を低下させていく戦略です。新商品の発売当初に多少高い価格でも満足する顧客を対象とする戦略で，競合相手が少ないうちに高めの価格レベルで販売できる顧客から売上げを吸い上げ，参入状況に応じて価格を下げて市場の拡大を目指します。

高価格の商品のイメージを与えることや新製品の開発コストを早く回収できることが、この戦略のメリットです。価格の変動に対して消費者が敏感に反応する場合、「需要の価格弾力性が大きい」といいますが、この戦略が有効なのは、需要に対する価格弾力性が小さい商品、つまり価格が変動してもあまり需要には影響しない商品です。アップルのiPhoneなどのスマホやオーディオ機器などの電化製品は多くの場合、この戦略で価格を設定しています。

一方、市場浸透価格戦略は、低価格で市場に売り出し、販売数量の増大をできるだけ短期間に達成して、早期に商品の浸透を図るものです。この戦略では、商品の新規性が乏しく競合相手がすぐに出現する可能性がある場合で、大量生産によってコスト・ダウンの可能な商品を、競合相手が市場に参入する前に短期間に市場に投入して高いシェアの獲得を目指します。この価格決定の戦略が有効なのは、価格に対して消費者が敏感に反応して需要が変化する（需要の価格弾力性が大きい）商品で、差別化が難しい日用品などです。

これ以外にも、298円や9,980円といった「端数価格」、松・竹・梅のような「段階価格」、120円程度の自動販売機の飲料や1,000円程度のおみやげのような「習慣価格」、プリンターは安くカートリッジは高い「キャプティブ価格」、福袋などの「セット価格」、安くすると信用が落ちる高級ブランド品の「威光価格」など多様な価格設定があります。

## 3-5. 値下げの価格決定

　製品が売れなくなってきた場合や競合相手との価格競争など，価格を引き下げて売るときの販売価格は，いくらまで値下げして売ることができるのでしょうか。簡単な例で考えてみましょう。Aさんは，個人で事務所を借りて海外のペット商品を輸入・販売しています。商品Xの販売価格は1個1,000円，仕入原価は1個400円，お客さんへの発送料は1個150円，事務所の家賃は月額200,000円です。Aさんは売上げが落ちてきているので，値下げを検討しています。会社が利益を出しているとき（黒字のとき）と損失を出しているとき（赤字のとき）では，値下げは異なるのでしょうか。

　販売価格は原価に利益を加えて計算しますので，販売価格の値下げは利益がゼロになる価格，つまり，販売価格が原価と等しくなる価格が最下限となります。もし利益がマイナスになるほど値下げすると，販売するほど損をしますから販売しない方がよくなります。

$$販売価格 = 原価 + 利益$$
$$販売価格 \geqq 原価$$

①　1,000個販売して250,000円の黒字の場合

　図表1.の1個当たりの利益は250円です。値下げ価格の最下限は原価と等しくなるので，原価750円（販売価格−利益）まで値下げできるのでしょうか。

　原価には，仕入れて販売するほど増える費用と増えない費用があります。この例では，仕入原価と発送料は仕入れて販売するほど増える費用ですが，家賃は増えません。このように値下げして販売しても，減る原価と減らない原価があります。商品1個を売り上げることで1,000円の現金が増えますが，商品1個を仕入れた400円と送料150円の合計550円の現金が減ります。家賃200,000円は月額で決まっているので，いくつ仕入れても販売しても変わりません。

つまり商品を1個売ることは，売上代金と550円かかった商品とを交換することですから，値下げして利益がゼロになる価格は550円です。そこで「550円以上で販売すると利益が出る」という値下げ戦略を立てるのです。図表1.の1,001個販売した利益（250,000円）が1,000個販売した利益（250,000円）と同じなのは，最低価格550円で販売したからです。このように値下げ戦略は，商品1個を販売するために直接かかる現金を考えることで行われます。

図表1. 黒字の値下げ

(円)

| 商品X | 1個当たり | 1,000個 | 値下げ | 1,001個 |
|---|---|---|---|---|
| 売上 | 1,000 | 1,000,000 | 550 | 1,000,550 |
| 仕入 | 400 | 400,000 | 400 | 400,400 |
| 送料 | 150 | 150,000 | 150 | 150,150 |
| 家賃 | 200 | 200,000 | 0 | 200,000 |
| 利益 | 250 | 250,000 | 0 | 250,000 |

② 200個販売して110,000円の赤字の場合

200個しか売れない赤字のときに値下げなんてとんでもない，赤字が増えてしまうのでしょうか。この場合も，利益がゼロになる販売価格は550円です。赤字の場合でも，商品1個を仕入れて発送するのは黒字の時と同じですから，550円の現金が減ります。家賃200,000円はいくつ仕入れても販売しても変わりません。図表2.の200個の時の損失110,000円は，値下げして201個目を550円で販売しても赤字は変わりませんが，550円以上で売れば，その分，赤字は減ることになります。

図表 2. 赤字の値下げ

(円)

| 商品 X | 1 個当たり | 200 個 | 値下げ | 201 個 |
|---|---|---|---|---|
| 売上 | 1,000 | 200,000 | 550 | 200,550 |
| 仕入 | 400 | 80,000 | 400 | 80,400 |
| 送料 | 150 | 30,000 | 150 | 30,150 |
| 家賃 | 1,000 | 200,000 | 0 | 200,000 |
| 利益 | −550 | −110,000 | 0 | −110,000 |

　このように，通常は販売価格の値下げは，その商品から得られる現金がゼロになる価格が最下限となりますが，通常ではない値下げ戦略があります。それは「不良在庫の処分」です。

　A さんの商品は 550 円に値下げしてもまったく売れず，すべてが不良在庫となった場合です。仕入れにかかった費用も家賃も回収できません。これらの費用のことを埋没原価といいます（2-2. 埋没原価を参照してください）。この場合，550 円以下で販売すると赤字は増えますが，売れるのであればいくらでもいいから値下げして販売し，得た資金を有効に使うべきです。

---

**⊘ 第 3 章のまとめ**

□　価格を決定するのは，いくらまで上げて売れるか，いくらまで下げて売るか。

□　いくらで売れば，お客さんは満足するか。

---

参考文献

櫻井通晴『管理会計』第 6 版，同文館出版，2015 年。
香取　徹『意思決定の管理会計』改訂版，創成社，2018 年。

**ケース： 企業の社会的責任**

# 遠のきかけた社会貢献再び，
# 成長路線復帰のマクドナルド（ESGの風）

　企業経営に新しい風が吹いている。環境（Environment），社会（Social），ガバナンス（Governance）の英語の頭文字をとったESG。2017年に年金積立金管理運用独立行政法人（GPIF）がESGの観点で優れた企業への投資を始め，企業側もアピールするようになった。連載記事「ESGの風」は企業経営の観点で各社の動きを検証し，随時掲載する。第1弾は外食大手の日本マクドナルドホールディングスだ。日本マクドナルドは外食業界でいち早くESGを掲げている。17年12月，ホームページに企業情報や投資家向け広報（IR）情報と並べて「ESGへの取り組み」というメニューを作った。18年から3カ年の中期経営計画では，持続的成長のための基盤の一つにESGを盛り込んだ。

　その変化は「ドナルド・マクドナルド・ハウス」の取り組みにも見える。自宅から離れた場所で闘病する子供と家族のため，病院の近くに建てている宿泊施設だ。運営資金は募金で成り立つ。業績が好転して昨年10月には店頭で消費者が子供向けメニュー，ハッピーセットを注文すると店側が50円を寄付する「マックハッピーデー」を開催した。12月からはスマートフォン（スマホ）のアプリでも寄付をできるようにして，募金活動を拡充している。

　こうした一連の社会貢献活動はフランチャイズチェーン（FC）展開とも密接な関係がある。マクドナルドが世界的に発展していったのは地域密着型のFCの仕組みを築いたからでもある。

　業績に左右されずにESGを構築するポイントは本業とESGを切り離して考えるのではなく，本業にプラスとなり，長く継続できる活動を選定することだろう。（略）　　　　　　　　　　　　2018/07/05　日経産業新聞

# 4 企業の社会的責任

## 4-1. 企業の社会的責任とは

　会社の規模が大きくなると，「あの会社はどのくらい利益を上げているのか」「製品の品質はいいのか」「従業員は楽しく働いているのか」など，社外の多くの人がその会社に関心を持つようになります。このような企業の利害に関心のある人を「ステークホルダー（利害関係者）」といいます。図表1.のように，企業には多くのステークホルダーが存在します。株主は企業に資金を出資して，企業が利益を上げると株価が上がり，配当金を受け取ります。経営者や従

図表1. 企業を取り巻くステークホルダー

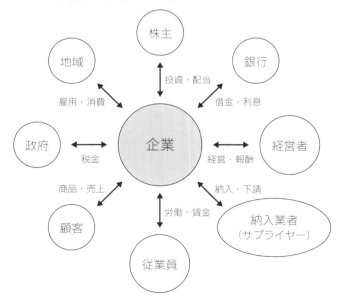

業員は，企業で働いて報酬や給与を得ます。顧客は商品を購入して使用しますが，商品が不良品だった場合，企業にクレームをつけますし，損害がでれば補償を要求します。また，地域には従業員や顧客が住んでいて，工場から排出される有害物質で環境が破壊されると被害者にもなります。企業は多くのステークホルダーの期待や要求に応えていく責任があります。このことを「企業の社会的責任（Corporate Social Responsibility：CSR）」といいます。

1990年代，ナイキがアフリカで生産委託している工場で児童労働していた事実が報道されました。当初，ナイキは，現地会社の問題として放置しましたが，NGOが大反発し，世界的な不買運動に発展しました。これは，企業の社会的責任が問われた一例です。このように企業は単に利益を上げるだけではなく，社会的責任を果たさなければならないのです。

## 4-2. 社会的責任のタイプ

企業の社会的責任は，工場の公害問題，環境汚染，粉飾決算から社会の持続可能性（サスティナビリティ）などさまざまな場面で説明されていますが，ここでは企業の社会的責任を3つのタイプに分けて考えてみましょう（図表2.）。

図表2. 企業の社会的責任の3つのタイプ

| タイプ1 | 通常的な企業活動の中で法令を守り，不正を行わない。<br>日常的な環境対策，人権を守る，製品の安全性，労働環境 |
|---|---|
| タイプ2 | 通常の企業活動の中でより積極的に社会的責任を果たす。<br>環境配慮型製品の開発，高齢者・障がい者支援の商品開発，社会責任投資 |
| タイプ3 | 通常の企業活動を超えた社会的貢献活動<br>寄付・非金銭的貢献，コミュニティへの支援，フィランソロピーフェアトレード，コーズリレイテッドマーケティング |

出所：谷本寛治『責任ある競争力』NTT出版，2013年，p.25をもとに作成。

## 4-3. タイプ1：通常の企業活動の中で社会的責任を果たすタイプ

　企業が通常の企業活動を行うことで最低限守らなければならない責任です。例えば，利益をごまかさない，データを書き換えない，不良品を売らない，有害物質を排出しないといった基本的なルールを守る責任です。このレベルの責任を果たさないと，企業は大きな損失を受けて，倒産してしまうこともあります。

　法令を守ることをコンプライアンスといいますが，守るのは法令だけではありません。企業にはそれぞれ特別な社訓，社是，ミッションステートメントなどの企業の理念，ビジョンや行動指針を示したものがあります。ジョンソン＆ジョンソンの「我が信条」，富士ゼロックスの「私たちが大切にすること」，ベネッセホールディングスの「ベネッセグループ企業理念・行動指針」など，その企業が存在する目的や目指しているものを明確に示し，企業の理想とする価値を提示して社員を精神的に激励し，何か問題が生じたときには社員がどのように対処し，どのような解決策を考えるべきかを判断できるように示しています。企業理念は，顧客に安心で満足する製品を提供する，従業員にとって人権問題や性差別のない働きやすい職場環境を整える，自然や環境を守るなど，企業の持続的発展を支える大切なメッセージが表明されています。

　ところが，企業は競争が激しくなると売上や利益を優先して，売上げの水増し，$CO_2$のデータを改ざん，食品偽装表示，過重労働，粉飾決算などの企業の理念に反する行為を行ってしまいます。このような行為は，一時的には企業の利益を押し上げても，それが社会問題になると大きな損失に発展してしまうこともあります。

　2008年，会社法は企業経営の健全性を確保し，株主や債権者の保護を図るために企業内部の統制システムを整備して，企業を統治（コーポレート・ガバナンス）する社内の仕組みの充実を求めています。このシステムは，通常の業務が目的のために有効かつ効率的に

進められているか，法令に反していないか，財務報告の信頼性はあるかなどを企業内で監督することで，損失を未然に防ぐことを目的としています。規模が大きい組織では，小さな失敗でも重大な影響を及ぼすことがあり，日常的な内部統制が重要になります。

## 4-4. タイプ2：通常の企業活動の中で積極的に社会的責任を果たすタイプ

社会的なニーズや動向によって新製品開発や新規事業を行うことで，社会的責任を積極的に果たす企業が増えています。このタイプの特徴は，社会的責任を果たすことを通じて，最終的に利益を増やすことを目的としている点です。ここでは，①環境配慮型製品の開発，②アクセシブル・デザイン，③社会的責任投資，④社会的企業を紹介しましょう。

①環境配慮型製品の開発とは，低コスト製品や高機能製品を目指して原材料のリサイクルや省資源化や省エネ化を達成したり，製品開発の段階から省エネや有害物質の削減を目的として，環境に貢献するための製品や技術を開発することです。エコマーク，省エネラベリング制度，エコリーフなどの認証基準を満たしたエコプロダクトは日本中に広まっています。環境意識の高い消費者は，環境にやさしい製品を購入する傾向が高いといわれています。

②アクセシブル・デザインとは，高齢者・障がい者に優しい製品

やサービスのデザインのことです。バリアフリーをはじめとして，見る・聞くなどの感覚能力，話す・動くなどの身体能力，判断・記憶などの認知能力，食物や異物接触などに対するアレルギーなどに対して配慮した製品を開発することで，貢献すると同時に利益を上げています。下の写真は，ボディソープ・ボトルの触覚記号です。これはボディソープのボトルに「1本線」の触覚記号をつけて，シャンプーとリンスを区別するためのデザインです。

　③社会的責任投資（Social Responsible Investment：SRI）とは，投資先を決定する段階で，これまでの企業の成長性や財務の健全性などに加えて，環境，人権，社会問題などへの経営の取り組みも考慮して投資することです。例えば，武器を製造している企業や健康を害するたばこ会社には投資しない，コミュニティの抱える問題の改善や環境問題に積極的な行動をとる企業に投資する，など一定の社会・環境的基準のもとで投資先を選定します。多くの米国の企業年金などがこの考えを取り入れているほか，社会的責任への貢献を銘柄選択に取り入れた投資信託もあります。日本では1999年に日興アセットマネジメントがエコファンドを立ち上げて以来，国連グローバルコンパクトなどに定められた人権，労働，環境に関する国際的な企業行動規範を投資の基準にするなどの手法で投資ファンドが設立されています。

④社会的企業とは，社会的な問題を解決することを目的とした企業のことです。DC セントラルキッチンは米国東部の NPO で，「食料の救出と貧困との闘い」をテーマとし，食料サービス業界で廃棄されている残った食材を衛生的で安全な方法で調理し，社会福祉団体の子供と大人たちに食事を提供しています。寄付された食材を栄養バランスの取れた食事に還元すると同時に，不就労・失業者たちの就労トレーニング・調理技術の訓練を行い，空腹に苦しむホームレスとその子供たち，老人ホームのお年寄り，そして地域の各種活動団体の人々にも食事を提供しています。この団体の特徴の1つは，社会貢献を行うことで利益を上げることを目指している点にあります。

このように，このタイプの社会的貢献には，新しい社会的価値を創造する事業であり，成長性とともに収益性が求められています。

## 4-5．タイプ3：通常の企業活動を超えて社会に貢献するタイプ

このタイプの貢献は，金銭の寄付，非金銭的な貢献，企業の持つ経営資源・技術を利用したコミュニティへの支援活動など，今までの企業活動を超えて新しい分野に挑戦して貢献することで，必ずしも利益に結びつかなくても社会からの評判や従業員の満足度を高めることを目的としています。いままでの慈善事業を超えたさまざまな企業の支援プログラムがありますが，ここでは①フェアトレード，②コーズ・リレイテッド・マーケティング，③戦略的フィランソロピーを紹介しましょう。

①フェアトレード（Fair Trade）とは，発展途上国で作られた作物や製品を適正な価格で継続的に取引することによって，生産者の持続的な生活向上を支える仕組みです。従来の一方的な国際協力・資金援助は，援助する側の都合によって左右され，継続性に欠けるという問題点がありました。それに対してフェアトレードは，消費

者が自分の気に入った商品を購入することでできる身近な国際協力のかたちです。食料品，衣料をはじめ多くの商品が販売されています。フェアトレードの国際基準が設定され，それを守って取引された商品にラベルを与えることで，マーケットの拡大を可能にしました。

　世界で使われているサッカーボールの 70% 以上は，パキスタンのシアルコット地区で手縫いで作られ，世界のスポーツマンの需要に応えています。パキスタンでは依然として人口の 30% が貧困といわれる暮らしを余儀なくされています。製造現場では，安い賃金や劣悪な労働環境，児童労働などの問題を抱えています。こうした労働環境を改善し，児童労働をなくすための働きかけの 1 つとして，フェアトレードボールの仕組みができました。フェアトレードボールは，児童労働を禁止し，ボールを作る労働者に対して労働に見合う適切な賃金や，安全な労働環境を保証するものです。また，通常の商品代金の支払いとは別に，価格の 10% のフェアトレード奨励金がボールを輸入する業者から支払われ，パキスタンの子供の教育や労働者の福祉など，地域の人々に必要とされるさまざまな開発のためのプロジェクトに使われています。

　また，世界のカカオ生産の約 7 割を西アフリカの国々が占めています。中でもコートジボワールは，国民の 3 分の 1 がカカオかコーヒー栽培に関わっているといわれ，IITA（国際熱帯農業研究所）の

調査（2002）では、コートジボワールだけで約13万人の子どもが農園での労働に従事し、子どもの3分の1は、一度も学校に行ったことがありません。カカオ栽培の労働のうち特に農薬の塗布や刃物の使用などは、子どもの身体に危険をもたらす可能性が高いといわれています。フェアトレード認証団体であるトランスフェアーでは、認証を受けたフェアトレード製品の条件は、正当な価格が生産者に支払われること、強制的児童労働の禁止、安全な労働環境が保障されていること、民主的で透明性のある組織体制、地域開発、持続可能な環境保護などとしています。2006年、森永製菓と明治製菓は世界カカオ基金へ加盟して、零細カカオ農家の支援を行っています。

　②コーズ・リレイテッド・マーケティング（Cause-related marketing：CRM）とは、売上げの一部を慈善事業などに寄付することを前提にした商品やサービス、もしくはその販売活動のことです。特定の商品を購入することが、環境保護などの社会貢献に結びつくことを示す販売促進キャンペーンです。日本では、1960年にスタートしたベルマーク運動、アメリカでは1981年にアメリカン・エキスプレスが行った、消費者がクレジットカードを利用するごとに1セントを自由の女神像修復のために寄付する、というキャンペーンが先駆けだといわれています。このキャンペーンは新規の登録やカードの利用額を伸ばすと同時に、3カ月で170万ドルを寄付しました。

　日本でもエイボンは、2002年から乳がん撲滅キャンペーンであるピンクリボン活動を開始し、「口紅1本でできるボランティア」で寄付金付きの口紅を販売しています。

また、2008年以降、㈱王子ネピアは、トイレットペーパーやティッシュの売上げの一部で東ティモール国内にトイレを作り、屋外排泄を根絶する活動「nepia 千のトイレプロジェクト」を行って

います。キリンMCダノンウォーターズは2007年から「1ℓ for 10 ℓ プログラム」を通じて，ボルヴィックの売上げの一部がマリ共和国での井戸を掘る支援に使われています。2016年，ソフトバンクは，専用ページから携帯電話の機種変更や新規購入をすると，顧客の選んだ非営利団体に対してソフトバンクがかわりに寄付をするという「チャリティモバイル」を始めました。また，日本テレビの24時間テレビ「愛は地球を救う」などさまざまなプロジェクトが行われています。

③戦略的フィランソロピー（Strategic Philanthropy）は，企業のフィランソロピー（慈善活動）を単なるチャリティではなく，戦略的に組み込むことで，企業と社会の双方に新しい価値を生み出すことを目的として，2000年代に入り持続可能な発展という考え方とともに広がってきました。これまで寄付や社会的貢献などの活動は，企業の評判（レピュテーション）を良くすることはあっても，競争力の向上にはならないと考えられてきました。しかし，企業の専門能力を提供することで，消費者の信頼感を高め，また企業ブランドイメージの向上を通じた優秀な人材獲得，将来のビジネスチャンスにもつながり，企業価値の向上がもたらされると期待されています。

BOP（Bottom of the Pyramid）ビジネスは，開発途上国の低所得者層の生活向上をビジネスを通じて達成するという考え方です。マイクロ（小規模）保険，小型太陽光発電ランプ，幼児用栄養食品など，さまざまな商品が開発されています。従来であれば政府や国際機関が援助を通じて行っていた事業を，民間企業がビジネスとして行っています。特に海外の金融機関は，フィランソロピー活動を強化しています。インドではグラミン銀行のような低所得者へのマイクロファイナンス（小規模金融），都市における貧困社会や地域の開発，本来なら融資を受けられない金融貧困層への金融支援など，金融業にしかできない支援を行っています。

　日本では，スポーツと企業の社会的責任が結びついています。「テニスとユニクロ」「サッカーとキリン」「レスリングと綜合警備保障」など広告宣伝効果を期待してのスポーツ支援です。企業が特定のスポーツクラブを支援する理由は「自社の知名度向上につながる」「社会や地域に貢献できる」「従業員の士気向上」であるといわれています。企業の野球球団経営は，ほとんどの球団が毎年多額の赤字で，その損失を親会社が広告宣伝費で穴埋めしてきました。楽天は，2016年を「フィランソロピー元年」とすることを打ち出しました。これは寄付やボランティアではなく，社会的起業家の育成と社会的投資を通じた新たな価値の創出を目的としています。日本生命は，「健康を重視する」企業，「明るさと夢」のある社員づくりのため，今日本クラスの人材だけでなく社会人（実業団）として活動できるように，スポーツ活動をサポートすることで社会に貢献しています。カゴメとマンチェスター・ユナイテッドは，共同で東日本大震災の被災地東北の復興支援プロジェクト「リジェネレーション・チャレンジ・プロジェクト」，日清食品の「百福士プロジェクト」，旭化成，佐川急便など，スポーツを通じて社会貢献している企業はたくさんあります。

> ⓘ **第 4 章のまとめ**
>
> □　企業の社会的責任の 3 つのタイプ
>
> ①　法令を守る（損害を与えない）
>
> ②　企業活動の中で積極的に行う（利益を増やす）
>
> ③　社会に貢献する（従業員のやる気を高める）

> 参考文献

谷本寛治『責任ある競争力』NTT 出版，2013 年。

ポーター M. E., クレーマー M. R.「競争優位のフィランソロピー」『DIAMOND ハーバード・ビジネス・レビュー』2002 年 3 月号。

ポーター M. E.「競争優位の CSR 戦略」『DIAMOND ハーバード・ビジネス・レビュー』2006 年 1 月号。

ポーター M. E.「共通価値の戦略」『DIAMOND ハーバード・ビジネス・レビュー』2011 年 6 月号。

## ケース： 原価を企画する

# 三井信託銀行吉田広行氏──トヨタ，
# 原価低減・環境技術を評価

　自動車業界における競争条件は国際的再編や企業活動のボーダーレス化などで厳しさを増しており，自動車各社の経営姿勢にもスピードと変化が求められている。

　トヨタ自動車は奥田社長就任以来，環境対応への鮮明なシフト，相次ぐ海外事業拡大を打ち出してきた。当社の経営戦略の基本方向づけは副社長会で審議される。先般の役員人事では副社長を一人増の七人とするとともに，専務会を廃止し副社長会に一本化することで，より迅速な意思決定体制を構築した。

　この強化・向上には，環境などの先端・最新技術の製品への盛り込みと再投資を可能とする収益性確保が不可欠である。豊富な資金力を背景に，自由度が高くスピード感のある経営によって，高いブランド力を一層向上させることが期待できるトヨタを積極的に評価している。

　収益性確保の基盤は原価企画活動にある。これは車両開発の責任者であるチーフエンジニアを中心に開発段階から原価改善を全社的に推進するシステム。画期的低原価を実現するNBC（ニューベーシックカー）導入やノウハウの他車種への波及，プラットホーム統合による量産メリット追求もこの延長上にあり，今後は現地生産車種にも本格的に適用される。

　弊社では中長期的な競争力・成長力を重視した銘柄選別を行っており，トヨタのグローバル・スタンダード（世界標準）経営志向，財務力を生かした自由度の高い事業展開，企業価値・株主価値増大に向けた意欲的取り組みなどを勘案，輸送用機器セクターの中核銘柄と位置づけている。（略）

1998/07/17　日経金融新聞

# 5 原価を企画する

## 5-1. 原価を企画する（原価企画）とは何か

　原価企画（Target Costing）とは，1960年代初め，原価を計算して算出するのではなく，原価を企画するという大胆な発想から生まれたトヨタ自動車の原価管理の技法です。原価管理は，原価企画，原価維持，原価改善の3つから成っています。まず，原価を企画して決めてしまう（原価企画），次にその原価が上がらないように維持する（原価維持），そして最後はその原価の低減（原価改善）を目指すというものです。原価企画の技法・考え方は1970年代には，自動車産業だけでなく，電気，機械，精密機械など日本の多くの産業に広がり，1990年代以降は，サービス業においても広く適用されているツール（技法）です。

　図表1.に示すように，原価のかなりの部分は製造の段階で発生します（コスト発生曲線）。ところが，原価を発生させる要因は製造よりももっと前の段階の研究・開発や企画・設計の段階で決定されます（コスト決定曲線）。この段階までで原価の80～90%は決まってしまうといわれています。「何を作るか」という研究・開発段階，「どのように作るか」という設計・計画段階から，購買（部品などの購入）・生産・販売・マーケティングなど多くの部門担当者が集まって原価削減に努める活動が原価企画です。研究・開発から企画・設計，製造，物流までの段階を川の流れにたとえると，原価の源流（川上）管理が大切なのです。

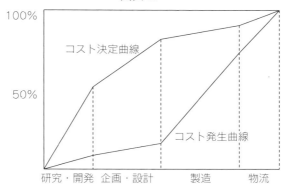

出所：櫻井通晴『管理会計』第6版，同文舘出版，p.308。

　そこでトヨタ自動車では，まず目標とする原価（目標原価）を決めてしまおうと考えました。そのあとで，研究・開発，企画・設計の段階でどうやったらこの「目標原価」を達成できるかを企画し，徹底的に検討することにしました。これが原価企画です。なぜ，原価企画を考えたのでしょうか。1960年ごろは，自動車はまだ高級品でした。それを大衆車として広めるためには，安い価格で販売する必要があると考えました。そこで1,000ドルカー（1ドルは360円），36万円で自動車を販売することにしました。この販売価格36万円から利益を差し引いて原価を決めたのです。これが目標原価となりました。このように，原価企画は単なる原価低減の技法というよりも，むしろ利益を確保するための利益計画の技法なのです。つまり，

販売価格－利益＝目標原価

です。この発想は，市場価格から原価を考えるマーケット・インという発想で，従来の考え方と大きく異なります。それまでは，製品の価格は，さまざまな原価を積み上げたうえに利益を加えたものだと考えていたからです。この製品原価から考えていく方法をプロダ

クト・アウトといいます。

販売価格＝原価＋利益

　このような伝統的な考え方に対して，原価企画は，顧客が買いたい値段で売るという顧客志向，マーケット志向の新しい発想です。現在ではこれを「戦略的コスト・マネジメント」といい，顧客が欲しいと思っている物を買える価格で売るために，原価を絞り込んでいくという発想です。

## 5-2．原価の作り込み

　どうやって目標原価を達成するのでしょうか。まず，それぞれの部門の現場で目標原価に近づけるように原価を算出して，積み上げていきます。これが「成行原価」といわれるものです。当然，成行原価は目標原価より大きくなりますから，成行原価を目標原価まで絞り込んでいく必要があります。

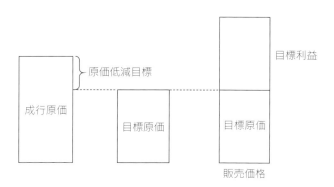

　原価を作り込むためには，商品企画の段階から，開発，設計，購買，生産，販売，マーケティングなど多くの職能部門の担当者が集まってチームを作り，目標原価に近づけるために設計，試作，評価を繰り返していきます。これを「VE（Value Engineering）」といいます。

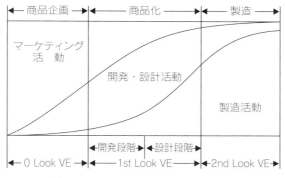

出所:櫻井通晴『管理会計』第6版,同文館出版,p.329。

　VE には,商品企画段階で適用されるゼロ・ルック VE（0 Look VE）,商品化段階（開発と設計）で適用されるファースト・ルック VE（1st Look VE）,製造段階で適用されるセカンド・ルック VE（2nd Look VE）があります。

　最も源流の商品企画段階で行われる 0 Look VE では,どのような製品を作るか,製品の機能を創造し,性能,仕様などの基本構想を計画して目標原価を見積もります。次の商品化段階（開発と設計）の 1st Look VE では,その製品をどう作るかを開発技術者が中心となって基本設計をします。この段階では,その製品の達成すべき機能とその目標原価を満足する設計案を作成して,部品などの仕様も設計します。機能を落とさずにコストを削減する設計が目標となります。最も川下の製造段階の 2nd Look VE は,製品の量産開始以後に実施される VE です。この段階では,材質の改善,部品の形状変更,加工方法の改善,作業手順の見直しなど,機能を落とさずにコストを削減することを目的とします。しかし,この段階では機能向上は難しく,主に原価の引下げ活動に焦点が向けられますが,生産設備や金型等がすでに決まっていますので,効率的な VE を行うことができません。0 Look VE,1st Look VE,2nd Look VE と川下に行くほど原価低減の余地は少なくなります。

## 5-3. VE による価値向上

　私たちは毎日，商品を買っていますが，それは商品が持っている価値，つまり機能とそのための対価（コスト）に対して満足するから買うのです。もちろんブランド品のように，機能よりもステータスが高いから買う場合もありますが，ここでは実用的なものを考えてみましょう。

　価値は次のように定義されます。

$$価値（Value）= \frac{機能（Function）}{原価（Cost）}$$

　価値を向上させるにはどうすればいいでしょうか。私たちにとって価値が向上したと考えるのは，以下の4通りが考えられます。

① 　原価低減による価値向上

$$価値（\uparrow）= \frac{機能（\rightarrow）}{原価（\downarrow）}$$

　従来と同じ機能のものをより安い原価で作り出す場合で，このケースが最も多いのです。

　(例）大幅な原価低減を達成したメガネの軽量薄型フレネルレンズ。

② 　機能向上による価値向上

$$価値（\uparrow）= \frac{機能（\uparrow）}{原価（\rightarrow）}$$

　従来と同じ原価でより機能の高いものを作り出す場合です。このタイプの VE は商品企画段階を中心に展開します。

　(例）コードレスアイロン。

③ 原価の増加以上に機能が向上することによる価値向上

$$価値(\uparrow) = \frac{機能(\uparrow\uparrow)}{原価(\uparrow)}$$

　原価は少々高くなるのですが，それ以上に機能が改善する場合です。商品企画段階で考えられる VE です。講義などに使う指示棒からレーザーポインターが生まれたように，機能は大幅に上昇しますが原価も上昇してしまう場合です。このような場合には，機能の上昇が価値の上昇になると消費者に理解してもらえるかどうかがポイントです。

④ 原価低減と機能向上による価値向上

$$価値(\uparrow) = \frac{機能(\uparrow)}{原価(\downarrow)}$$

　原価低減と機能改善が同時に行われるもので，最も望ましいものです。従来の信号機から LED の信号機に変わったように，原価を大幅に削減し，しかも事故も減少した事例です。このケースは新技術を採用した製品に多く見られます。

## 5-4. 原価企画を適用できる産業

　原価企画は，部品の種類が多い製品のモデルチェンジが行われるたびに，企画・設計の段階で原価低減が可能な産業（例えば，時計・カメラ・テレビ・自動車・携帯電話などの加工組立型産業）に適しているといわれます。自動車の場合，開発期間は日本では 10 カ月程度，モデルチェンジは以前の半分の 2 年に一度に短縮していますし，新型車の発表も増加しています。生産量や品種も多く，素材だけでも金属，樹脂，ゴムなど多様で，設備も含めると広範囲の製造

業が関わっています。この傾向はデジタル家電の業界も同じです。

　ホテル，病院，公共サービス，鉄道業などのサービス業でも，研究・開発段階での原価低減かVEによる原価削減かの差はあるものの，原価企画が行われています。一方，石油化学，鉄鋼，セメント，製紙などの産業（装置産業）は，モデルチェンジが頻繁に行われることはなく，技術の開発・設計による原価低減が難しい，製品の種類が少ないなどの理由で不向きだといわれています。

## 5-5. 原価企画の逆機能と課題

　原価企画は，今や世界中で多くの企業が適用している日本発の管理会計技法ですが，問題や課題もあります。

　製品のライフサイクル（寿命）が短くなり，しかもライフサイクル初期の発売時当初に販売量が増えるので，すでにこの段階でVEを完了し品質もコストもほぼ完成している必要があります。そのため，企画段階の0 Look VEや設計段階の1st Look VEへの期待がより高まります。その結果，第1の課題は，たび重なる設計変更による設計担当エンジニアの負担増大，サプライヤー（部品納入業者）の疲弊です。

　第2の課題は，行き過ぎた顧客志向の弊害です。日本製品の品質の高さはすばらしいものがありますが，行き過ぎると過剰品質になります。その原因は，作り手から見た品質になりがちだという点です。「どれだけ消費者目線の品質を実現して，低コスト競争に勝ち残っていくことができるか」は大きな問題です。

　新製品では，生産開始時に目標原価が達成されていない場合が多いのが現状です。その原因が企画なのか，設計なのか，製造なのかはっきりしない場合が多くあります。開発，設計，購買，生産，販売，などいろいろな部門が関係していますので，部門間のコンフリクト（対立）を生まずに原因を的確に発見することが大切です。

VEが生産の段階 2nd Look VE で行われている企業が多いのも現状です。とくに，標準原価計算を採用している企業では，生産段階での原価低減を行うからです（12.標準原価計算を参照してください）。過度に 2nd Look VE 中心の活動を行うと品質低下を招くこともあり，VE活動を行うこと自体が目的となって，効果を上げていない場合もあります。

また，原価企画の海外移転の問題があります。グローバル化が進展する中で，自動車産業や組立加工産業の海外進出が盛んに行われるようになりました。海外で生産される製品の原価企画をどこで行うかは大きな問題です。本国の親会社に原価企画を残して，生産拠点だけを海外に移転すると，消費者の要求する品質は国によってさまざまなので，顧客のニーズとずれたものを企画してしまうかもしれません。逆に，現地に開発の拠点を移すと，開発方式が異なりサプライヤー（部品納入業者）との関係も問題となる場合があります。

---

## ⓘ 第5章のまとめ

□　新製品の開発や大幅なコストダウンの製品改良に活躍する日本発の管理会計技法。

□　開発・設計に多くの部門が参加する。

---

参考文献

櫻井通晴『管理会計』第6版，同文館出版，2015年。
日野三十四『トヨタ経営システムの研究』ダイヤモンド社，2002年。
日本バリュー・エンジニアリング協会。

| 47

## ケース： バランスト・スコアカード

# 横文字指標こう活用　定着企業に探る（下）
# バランス・スコアカード，リコー

**「見える」経営で目標達成**

　経営者が立派な経営計画を作っても現場の従業員が実行に移さなければ絵に描いたもちで終わってしまう。リコーはバランス・スコアカード（BSC）と呼ばれる管理手法を活用し問題克服を目指している。

　BSC導入の理由は1990年代，初期の業績目標が達成できないケースが相次いだことだ。92年3月期に単独の営業損益が赤字になったことで様々な経営改革に取り組んだが，98年3月期からは二期連続で期初計画に対し実績が未達に終わってしまった。

　「全社の財務目標と事業部の管理指標がつながらずバラバラで動いていた」。総合経営企画室の大竹康幸氏は振り返る。こんな問題意識からBSCを応用，99年に導入したのが「戦略的目標管理制度」だ。

　まず年度初めに各事業部門が，全社の中期目標を実現するための重点施策を立案。さらに施策の達成状況を測定する具体的な評価指標にまで落とし込む。指標は「財務」「顧客」「社内プロセス」「組織能力向上」「環境」の5つの視点から約十項目。「製品の限界利益率を40％に上げるため設備の生産効率を一割向上させる」といった具合に，各指標と財務目標との関連性も盛り込む。

　評価指標は経営状態が実際の業績数値に反映される先行指標との位置付けだ。経営の"見える"化を進め，業績悪化の兆候があれば，期中に施策を見直す。報酬とも連動。年度が終了した5月に指標の達成状況を点数化し，管理職の賞与を7段階で動かす。一般従業員の目標とも結びつけ，結果を処遇に反映する。（鈴木健二朗）（略）　　　　　　　　2008/10/18　日本経済新聞

# 6 バランスト・スコアカード

## 6-1. バランスト・スコアカードとは

　バランスト・スコアカード（Balanced Scorecard：BSC）は，バランスの取れた成績表という意味で，ハーバード大学のキャプラン（Kaplan, R.S.）とコンサルタントのノートン（Norton, D.）が開発した，戦略の策定・実行と業績評価のための管理会計ツールです。企業には，企業の存在する目的，目指しているもの，企業の理想とする価値を明示する「経営理念」があります。経営理念から経済状況や環境に合わせて導かれるのがビジョンや戦略ですが，「収益性拡大」とか「生産性向上」といったお題目だけでは意味がありません。戦略を具体的に策定・実行し，その成果を評価するシステムがバランスト・スコアカードです。

　今まで企業や事業部などの組織の業績を評価するには，利益や投資利益率（ROI）などの財務指標に偏っていましたが，バランスト・スコアカードは顧客の満足度やサービスの質などの非財務指標も含めて評価することで，バランスの取れた評価ができるようにと開発されました。財務指標として財務の視点のほかに，非財務指標として顧客の視点，業務プロセスの視点，学習と成長の視点を加えました。

　第1の視点は，財務の視点です。これは，株主は何を要求しているか，という視点です。株主は，企業の業績が上がり株価が値上がりして配当が増えることを期待しています。そこで株主の視点からは，財務指標である利益や投資利益率などが重視されます。

　第2の視点は，顧客の視点です。財務指標を達成するために，顧客の満足度を高めることが大切です。顧客の満足度が高まれば，売

上げが増大して利益増に直結するからです。顧客の視点は，顧客満足度調査，リピート率，市場シェアなどを指標にします。

　第3の視点は，業務プロセスの視点です。顧客の満足度を高めるためには，どのような製品やサービスを提供するか，どのように売るかという業務の視点から，低価格で良い品質の製品開発，納期や工程間の生産時間の短縮，顧客への丁寧な接客などを指標とします。

　第4の視点は，学習と成長の視点です。安価で品質のいい製品やサービスを提供するために，従業員はどのような知識やスキルが必要でしょうか。社員の教育，資格の取得件数，離職率やITリテラシーのレベルなどが指標となります。

### 4つの視点と因果関係

| 視点 | | 利害関係者 | 指標 |
|---|---|---|---|
| 財務の視点 | 利益の増大 | 株主 | 利益，利益率 |
| 顧客の視点 | 顧客満足度を高める | 顧客 | 顧客満足度，リピート率 |
| 業務プロセスの視点 | 製品・サービスの品質を向上させる | 経営者 | 低価格で品質のいい製品 |
| 学習と成長の視点 | 従業員のスキル・能力の向上 | 従業員 | 従業員の教育 |

　従業員のスキルや技能が向上すると，製品やサービスが向上し，その製品やサービスを購入した顧客の満足度が高まります。その結果，株主が望む利益が増大します。このように，各視点間は因果関係で結びついています。

　バランスト・スコアカードは，一般的にこの4つの視点で作成されますが，組織の目標として「環境の視点」を加えたり，地方公共団体や病院では「顧客の視点」を第1の視点としています。

## 6-2. 戦略マップ：戦略テーマと戦略目標

　戦略は、どのようにして策定するのでしょうか。それは「戦略マップ」という図を描くことで具体化します。

図表1. 戦略マップ

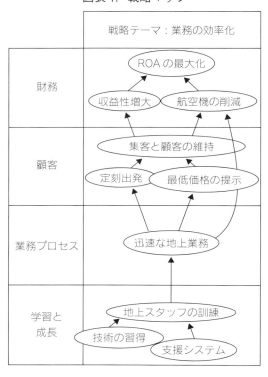

　図表1.は、ある格安航空会社の「業務プロセスの効率化」という戦略テーマを戦略マップに表したものです。1つの戦略にいくつかの戦略テーマを設定し、達成するための「戦略目標」を決めます。この図ではROA（利益÷総資産：Return on Asset）という資産効率を戦略目標としています。ROAを達成するために「収益性増大」と「資産（航空機）の削減」という戦略目標を立てました。これが財務の視点における戦略目標です。

次に，収益性増大と航空機削減のためには，顧客に対して集客力を高める必要があり，何かをアピールして顧客の注目をひくことが大切です。そのために「必ず定時に出発すること」，「低価格であること」を戦略目標としました。これが顧客の視点における戦略目標です。

定時出発と低価格という戦略目標を達成するためには，「迅速な地上業務」が欠かせません。これが業務プロセスの視点における戦略目標となります。

そして，迅速な業務を行うために「地上スタッフの訓練」，そのための「技術の習得」と「支援システム」が必要となり，これが学習と成長の視点における戦略目標となります。

この図からわかるように，すべての戦略目標は因果関係で結びついています。この因果関係を図示したものが戦略マップで，戦略を戦略マップに具体的に描くことで，戦略が実効性のあるものになっていきます。

## 6-3. 戦略の実行

戦略マップの戦略目標を具体化させ実行するために，目標の「尺度」と「目標値」を設定します。業務プロセスの戦略目標「迅速な地上業務」（図表2.）で説明します。

図表2. 戦略目標・尺度・目標値・実施項目

| 目標 | 尺度 | 目標値 | 実施項目 |
|---|---|---|---|
| ・迅速な地上業務 | ・地上滞在時間<br>・定時出発 | ・30分<br>・90% | ・継続的な改善による<br>　作業時間の短縮 |

迅速に折り返し運航を達成するためには，地上での滞在時間をできるだけ短くして，定時に出発できるようにしなければなりません。そこで，現在1時間かかっている滞在時間を目標値30分に，

現在 50% しか達成していなかった定時出発を目標値 90% 達成として設定します。この目標値を実現して戦略目標を達成するために必要な具体的な行動を「実施項目」といいます。地上での多くの業務を改善するために，すべての業務を見直し，時間を測定してムダを排除して，時間の短縮を目指します。

　図表 3. は戦略マップ，バランスト・スコアカードと実施計画全体を示しています。

図表 3. 戦略マップ，バランスト・スコアカード，実施項目

| 戦略マップ | | | バランスト・スコアカード | | 実施計画 | |
|---|---|---|---|---|---|---|
| 戦略テーマ：業務の効率化 | | 戦略目標 | 尺度 | 目標値 | 実施項目 | 予算 |
| 財務 | ROA の最大化　収益性増大　航空機の削減 | ・収益性の維持 ・収益性拡大 ・航空機の減少 | ・市場価値 ・旅客収益 ・航空機の リース | ・年率 30% 増 ・年率 20% 増 ・年率 5% 削減 | | |
| 顧客 | 集客と顧客の維持　定刻出発　最低価格の提示 | ・集客と維持 ・定時出発 ・最低価格 | ・顧客の評判 ・定時発着 ・旅客数 ・リピート率 | ・第 1 位 ・第 1 位 ・年率 12% 増 ・70% | 顧客ロイヤルティ プログラム | $xxx |
| 業務 プロセス | 迅速な地上業務 | ・地上での迅速 な折り返し 運航 ・定時出発 | ・地上滞在時間 ・定時出発 | ・30 分 ・90% | ・作業時間の短縮 ・業務改善 | $xxx $xxx |
| 学習と 成長 | 地上スタッフの訓練　技術の習得　支援システム | ・作業員の学習 ・スキルアップ ・支援システム | ・業務の実行 ・情報システム ・戦略意識 ・従業員の持ち 株率 | ・3 年で 100% ・100% ・100% ・100% | ・従業員研修 ・情報教育 ・持ち株制度 | $xxx $xxx $xxx |

出所：櫻井通晴他監訳『戦略マップ』ランダムハウス講談社，pp.86-87。

　日本には，「方針管理」というバランスト・スコアカードによく似た経営手法があり，多くの企業で行われています。方針管理は，中期の経営計画から策定された計画や方針を短期の経営方針に具体化して展開・実施し，その結果を次年度の予算や計画に反映させるプロセスのことで，「PDCA サイクル」といわれるものです。これは Plan（計画）→ Do（実行）→ Check（評価）→ Action（改善）の

サイクルです（11. 予算管理を参照してください）。この方針管理を数値として定量化し、業績の評価と結びつけたものがバランスト・スコアカードといえます。日本の企業はこの方針管理の手法とバランスト・スコアカードとをうまく組み合わせて活用しています。

**PDCA サイクル**

### 6-4. バランスト・スコアカードによる業績評価とその利用

　財務指標に偏った業績評価では、短期的な利益の追求になりがちですが、非財務的成果を反映させることで総合的な評価を行うことができます。欧米では、バランスト・スコアカードは成果に連動させて報酬などの業績評価にも用いられますが、日本ではあまり採用されていません。もともと日本では「目標管理」が広く行われています。目標管理とは、個々の従業員が目標を設定し、その成果を自主的に業績評価するという管理制度です。バランスト・スコアカードのように非財務指標をあらかじめ目標値として設定し、それを業績評価することに抵抗があります。

　一方、日本では、バランスト・スコアカードを業績評価としてよりも、顧客へのサービスや製品の品質向上という視点を重視して、病院や公共団体への適用が行われています。特に病院は、患者さんからの信頼と安全を第一としながらも、赤字に苦しむ病院経営にバランスト・スコアカードを採用するところが増えています。

## 6-5. 戦略テーマを立てる

　自社の戦略テーマをどのように立てるか，これは難しい問題です。PEST 分析やファイブフォース分析などいろいろな方法がありますが，ここでは SWOT 分析を紹介します。戦略を立てる前に，自社の強みや弱みを知っておくことは大切です。SWOT とは，強み（Strength），弱み（Weakness），機会（Opportunity），脅威（Threat）の頭文字です。SWOT 分析は，市場規模，競争状態，法令や政治環境などの自社ではコントロールできない外部環境と，自社の製品の価格，品質，サービス，立地，ブランド，技術力などの自社でコントロールできる内部環境に分けて，それぞれのプラスとマイナスの要因に分類します。

　　強み：自社が持つ技術力や経験，サービスなどの他社よりも優れ
　　　　　ている点
　　弱み：自社がコストや資源など他社よりも競争で劣っている点
　　機会：自社にとってチャンスとなる環境や他社の動き
　　脅威：自社の強みが打ち消されてしまう危険性のある環境や他社
　　　　　の動き

|  | プラス要因 | マイナス要因 |
|---|---|---|
| 内部環境 | 強み（S） | 弱み（W） |
| 外部環境 | 機会（O） | 脅威（T） |

この要因と環境を組み合わせて戦略を考えます。

|  | 強み（S） | 弱み（W） |
|---|---|---|
| 機会（O） | 機会×強み | 機会×弱み |
| 脅威（T） | 脅威×強み | 脅威×弱み |

機会×強み：自社の強みを最大限活かして，機会をつかんで市場に積極的に参入し，経営資源を投入する。（積極化戦略）

機会×弱み：自社の弱みを改善して，市場での機会をつかむための方策を検討する。成長産業や新規事業参入などのように市場や環境を静観して機会を待つ。（静観戦略）

脅威×強み：自社の強みを活かすために，市場の脅威を避けながら方策を考えて機会を待つ。（差別化戦略）

脅威×弱み：自社の弱みを自覚し，脅威を避けて影響を少なくするために，リスクマネジメント（リスクに対応する施策を検討する）を実施したり，他社との事業統合や事業からの撤退を検討する。（防衛・撤退戦略）

このように SWOT 分析は，自社の強みや弱みを外的要因と結びつけて「見える化」することによって戦略テーマの設定に役立ちます。この分析をバランスト・スコアカードに活かしていくことが可能です。

---

**① 第6章のまとめ**

☐　バランスト・スコアカードは，戦略を具体的な数値にして実施する管理会計技法。

☐　利益や利益率だけでなく，顧客の満足度や従業員のスキルなどを数値化して評価する。

---

参考文献

櫻井通晴・伊藤和憲・長谷川恵一・監訳『戦略マップ』ランダムハウス講談社，2005 年。

## ケース： 品質の原価

# 特集──食品大再編の時代，
# 「食の安全」のコストも上昇

　有害物質の混入など食品の安全・安心を巡るトラブルが相次ぎ，消費者の「食」へのまなざしは厳しさを増す一方だ。ひとたび問題が発覚すれば，経営の根幹を揺るがしかねないだけに，食品メーカーが品質管理に払うコストは上昇。こうした負担も重荷となり，再編の一因となりそうだ。

　その象徴が昨年１月発覚した冷凍ギョーザの中毒事件だ。日本たばこ産業（JT）の子会社が中国から輸入した製品に農薬「メタミドホス」が混入し健康被害が発生。余波は中国産食材を使った食品全体に広がり，各社は原料段階から詳細な安全点検を迫られた。

　期限切れ原料の使用が発覚した不二家は，山崎製パンの傘下で再出発を余儀なくされた。メーカー各社は安全確保に細心の注意をはらう。

　昨秋，業者が不正転売した事故米を使った焼酎の自主回収を迫られたアサヒビール。今年３月から焼酎の製造委託先に任せていたコメやイモの仕入れを自社指定の調達先にすべて切り替えた。

　ニチレイは７月，千葉県富里市に青果の加工・物流拠点を稼働。農業生産法人と組んで地元農家の野菜を小売りに供給するほか，冷食の原料にも使う。日清食品は即席麺に使う中国産の具材などの生産者や栽培記録，加工日などを追跡できるシステムを構築した。

　安全を担保するコストは膨大ながら，その費用を消費者には転嫁しにくいのが現状。「安全でおいしいのは当たり前。そこにプラスアルファがないとヒット商品にはならない」（アサヒ飲料の岡田正昭社長）という思いが食品会社には強い。

　今後は統合や提携などの再編劇も含め，品質コストを賄うための各社の垣根を越えた連携が広がりそうだ。　　　　　2009/08/23　日本経済新聞

品質の原価

## 7-1. 品質の原価（品質コスト）とは

　品質コスト（quality costs）とは，製品の品質を金額でとらえて利益につなげようとする管理会計のツールです。一般に品質を良くしようとするとコストは高くなり，品質を下げればコストは下がると考えられていますが，品質の向上とコストの削減を同時達成しようとするのが品質コストの考え方です。品質コストの概念は1950年代のアメリカで生まれ，PAF（prevention-appraisal-failure approach）法という分類法が提唱されました。PAF法によると，品質コストは以下の4つに分類されます。

図表1．品質コストの分類

| 予防コスト | 品質の劣化を防ぎ，維持するためのコスト | 品質管理，工程管理，品質計画など |
|---|---|---|
| 評価コスト | 品質を一定の基準に適合させるための検査コスト | 材料受入検査，製品検査，出荷前検査など |
| 内部失敗コスト | 製品を出荷する前に発見した不良品のコスト | 仕損じ，不良品，廃棄コストなど |
| 外部失敗コスト | 製品を出荷した後に発生したコスト | 顧客のクレーム処理コスト，訴訟費用など |

　4つのうち，予防コストと評価コストは品質の維持向上に必要な「コスト」ですが，内部失敗コストと外部失敗コストは利益の獲得に貢献しない「損失」ですから，ゼロにすることが望ましいといえます。特に外部失敗コストは，最近では世界的な自動車メーカーが検査データの改ざんなどによって大きな責任問題となり，莫大な損

失になっています。外部失敗コストは，ブランドイメージや信用の失墜を招き，将来の利益を失うことにもなるので，最小化することが大切です。その最小化は利益の最大化になるからです。

　わが国でも，品質コストを導入する企業が増えています。その背景は4つあります。①予防コストや評価コストは正確に測定することが難しいコストでしたが，情報システムが発展・普及したおかげで，測定が容易になってきました。②品質保証の国際規格ISO9000シリーズの認証が海外から求められるようになり，品質に対する責任の明確化，マニュアルの整備などが促進されました。③製造物責任制度（PL）法が1995年施行され，消費者がメーカーなどに損害賠償する場合は，製品に欠陥があったことを証明するだけでよいことになりました。そのため品質管理体制の一層の充実と，従業員の意識向上を促すことになりました。④アメリカのモトローラ社で開発された「シックスシグマ（$6\sigma$：統計上の標準偏差)」は，100万分の3〜4個の不良率を目標とする厳しい基準で，GE社が実施して以来，わが国でもこの基準を導入して不良率を改善し，利益に結びつけています。

## 7-2. 品質コスト・マネジメント

　製品の品質を高めようとすると，品質に関連するコストは増えますし，品質コストを低く抑えようとすると，欠陥製品が生まれやすくなります。この関係を「トレード・オフ」といいます。トレード・オフは，欠陥品をださないための予防コストと評価コストに資金をかけると，内部失敗コストと外部失敗コストは減少し，反対に予防コストと評価コストの資金を削ると，内部・外部失敗コストは多くなるという関係のことです。そこで，トータルの品質コストをいかに抑えて，品質を良くするかが大切な課題となります。

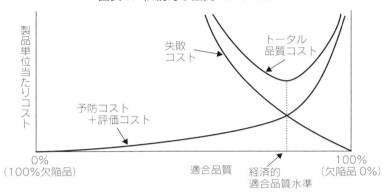

図表1. 伝統的な品質コストモデル

　伝統的な品質コストモデル（図表1.）では，欠陥品を減らしてトータルの品質コストをできるだけ抑えた品質を「経済的適合品質」といいます。予防コストと評価コストの合計額が，内部・外部失敗コストの合計額と等しくなる品質が，トータルで品質コストを最小にする経済的適合品質です。このモデルでは，品質水準の向上は失敗コストを低減させることであり，そのためには予防・評価コストは増加すると考えられます。したがって，経済的適合品質水準（総品質コストの最小点）では，最高品質とはならず一定の不良品が許容されます。つまり，「予防・評価コストはその効果がすぐには現れないので，失敗コストは無くならない」という短期的なコストモデルであるといえます。

　一方，無欠陥品（ゼロディフェクト）を目指した品質モデルがあります（図表2.）。このモデルは，社員全員が品質管理に取り組むという日本的な品質管理の考え方に適合しています。高品質の製品を製造するためには，管理者や従業員が毎日，製造現場において改善活動を行うことから学習効果が働き，その効果は長期的，累積的に発揮されるので，予防・評価コストは時間の経過とともに低下するという考え方です。したがって，品質管理においては，従業員に対す

る長期的な教育研修，設備保全，などの予防活動が重視されます。このような長期的な品質コストへの取り組みで品質が極限まで高まり，失敗コストゼロを目指すことで，トータル品質コストは最小になると考えられます。この発想が，日本の品質優先の基本的な考え方です。

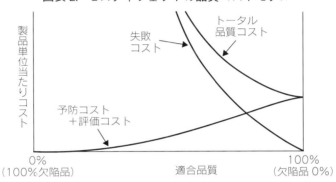

図表2．ゼロディフェクトの品質コストモデル

## 7-3．品質管理への取り組み

わが国の品質管理の特徴は，企業の一部門だけが取り組むのではなく，製品を企画設計する段階から，製造販売そしてアフターサービスまでの全プロセスで総合的に取り組んできたことです。この企業全員（経営者，管理者，監督者，作業者など）が取り組む品質管理のことを『TQC（Total Quality Control）』といいます。1960年代以降，TQCでは，顧客の要求する品質を実現することを目指し，同時に製造過程でもゼロディフェクト運動が進められました。

1980年代アメリカでは，日本のTQCをモデルとした品質改善運動がおこりました。これを「TQM（Total Quality Management）」といいます。TQMは，顧客満足，全員参加の継続的改善活動に加えて，マニュアルの作成，トレーニングといったシステムを取り入

れ，戦略的な取り組みとなっています。ここでは品質コストが大きく取り上げられました。この TQM の運動は「マルコム・ボルドリッジ賞」（MB 賞）へと発展しました。これは，顧客満足の改善や実施に優れた経営システムを有する企業に授与される賞で，米国国家経営品質賞とも呼ばれます。製造，サービス，中小企業，教育，医療などの部門があり，授賞式では大統領自らが表彰を行う権威ある賞です。MB 賞は，日本生まれの TQC を徹底的に研究して創設された賞ですが，TQC とは異なり製造工程だけでなく，全社的な経営システムが審査対象となります。1995 年に創設された「日本経営品質賞」は，この MB 賞を手本にして創設されました。

## 7-4. 隠れた品質コスト

　品質コストを正確に計算することは大変難しいことです。顧客からの返品やクレーム，リコールなどのように品質コストとしてすぐにわかるものもありますが，品質の欠陥を放置する，顧客のニーズを製品に反映しきれていないなどの結果，長期間，徐々に顧客が離れてしまう「機会損失」を生じている場合など，隠れた品質コストは測定しにくいものです。例えば，納入業者の材料や部品などの製造段階で，すでに生じている品質コストは自社内だけではわかりません。企業が過剰在庫，計画の遅れ，過剰品質などにかけたコストは，製品を購入した顧客が負担している品質コストです。不良品や欠陥商品を短い期間でも放置したり処理を誤ると，ブランドイメージが傷つけられ企業の信用が失われ，将来の利益の喪失につながります。このように隠れた品質コストは，失敗コストとして大きな機会損失を生じます。

　隠れた品質コストは測定が難しいのですが，「機会損失は必ず生じている」という意識を持って注意を喚起することは大切です。正確な測定ができないから意味がないと考えずに，見える部分の品質

コストを削減し，機会損失を意識して削減していく必要があります。失敗コストは品質管理の結果として生じるので，直接減らすことはできませんから，失敗コストの原因となる欠陥の発生を防ぐための予防コストや評価コストが重要になります。予防コストと評価コストはコストをかけるほど利益が増えるものではありませんが，失敗コストによる機会損失を減らすことで利益を増やすことができます。

## 7-5. 過剰品質

　過剰品質とは，「顧客が求めている以上の品質」のことです。わが国の企業は，1960年代よりゼロディフェクトを目指して改善を重ねてきた結果，70年代には工業製品の品質に高い評価を得るようになりました。QC活動，カンバン方式，PDCA，カイゼンなどの日本発イノベーションは，日本企業の「品質第一主義」による成果です。この成功体験は，盲目的に「顧客はいい品質を求めている」「他社よりもいい品質を」という「作る側の論理（プロダクトアウト）」になりかねません。これでは「買う側からの論理（マーケットイン）」，つまり顧客が求めているものを作るという本来の目的からかけ離れてしまいます。「品質を重視している」という言葉は，消費者と製品を作る従業員を安心させる表現ですが，「過剰品質」に気付かなくなるかもしれません。

　1980年代に日本の半導体メーカーは，高品質のDRAM（半導体

のメモリーの一部）で世界一となりました。しかし，時代が大型コンピューターからパソコンに変わったにもかかわらず，「25年保証のDRAM」という最高品質にこだわり続けてコストを押し上げたために，現在では韓国や台湾のメーカーにシェアも売上げも追い越されています。同じように，パソコン，携帯電話や家電でも，日本製品よりも品質は良くないが安価な製品が世界市場を占めるようになってきました。

　また最近では，サービス業での人手不足による過剰品質が問題となっています。24時間営業，年中無休，再配達無料などの丁寧な顧客対応は，顧客にとってはありがたいことですが，企業で働く従業員はサービス残業，休日出勤，深夜労働などで心身を疲弊させています。そして，過剰品質のコストは，最終的には顧客が負担することになります。

　私たちは毎日，商品を購入していますが，それは商品が持っている価値，つまり機能とそのための対価（コスト）に対して満足するから買うのです。品質とは顧客が求めている価値の1つであって，すべてではありません。

---

### ① 第7章のまとめ

- □　日本の品質は世界水準。
- □　お客さんのために，安くて品質のいい製品をどうやって作るか，それが利益につながるか。
- □　過剰品質が課題。

---

参考文献

伊藤嘉博『品質コストマネジメント』中央経済社，1999年。
伊藤嘉博『環境を重視する品質コストマネジメント』中央経済社，2001年。

## ケース： 制約の理論

# 米 SCM 革命（5）導入プロセス
## ──需要把握は早急に（深慮実践）

SCM の進め方と言っても特に決まった手順がある訳ではない。

戦略のレベルで言えば，ROE（株主資本利益率）の改善，競争力の強化，売り上げ増などが目的になろう。そして，在庫削減，納期短縮，顧客満足度向上，コスト削減といった経営方針が，その戦略の成功要因（CSF）として設定される。

では SCM プロジェクトとしてまず何をすればよいのか。基幹系情報システムの状態など，その企業に与えられた状況に強く依存するので一般論は難しいが，早急に取り組むべきことは受注管理，とりわけ最終顧客の需要把握だ。

予想から予測，そして実オーダーへと需要把握のレベルを上げなければならない。次に実オーダーに対して，即時的かつ利益最大の計画に裏打ちされた ATP（納期回答機能）のシステム，仕組みを検討するべきである。

これらのプロジェクトと並行して，工場内の生産スケジュールを最適化（ここでは与えられた設備で最大のスループットと言う意味の最適化）するツールの導入にも手を付ける。TOC（制約の理論）と人工知能，遺伝子アルゴリズム（算法）等を応用したシステム，ソフトウエアが既に数多く販売されている。

SCM 革命とは，IT（情報技術）革命に呼応して，企業間を超えたサプライチェーン（供給連鎖）のすべてを全体最適化し，ビジネススピードを画期的に短縮する経営革命である。

現段階では技術的にも課題が残り，企業間の情報共有も時間が掛かるので，システム化はいま少し先になる。しかし，その準備として，サプライチェーン全体の現状分析とあるべき姿のモデル化には手を付けるべきであろう。（略）

（プライスウォーターハウスコンサルタント常務）　　　1998/06/10　日経産業新聞

# 8 制約の理論

## 8-1. ボトルネックとは

　ボトルネックとは，瓶（ボトル）の口（ネック）が細くなっている部分のことです。口の部分が細くなっているので瓶の中の液体が出る量が少なくなることから，作業の妨げになる要因のことをいいます。鉄道の踏切，工事中の道路の車線減少や混んでいるレジのこともボトルネックといいます。下の図表1.は，鎖が両方から引っ張られていますが，真ん中の鎖が1番弱い鎖なので，ここから鎖は切れてしまいます。この鎖全体の強度を決めているのは，真ん中の鎖で，ボトルネックです。

図表1．鎖の強さを決めるのは一番弱い鎖

　製造業では工場の各工程の生産能力が異なることから，ボトルネックが発生します。図表2.は，工場内で原材料を投入し，工程1～3で加工して，製品が完成していくプロセスを示しています。各工程で加工できる能力は異なり，工程1では1時間に6単位，工程2では4単位，工程3では8単位です。この工場から1時間に何単位の製品が生産できるでしょうか。

図表 2.

　この工場では，1時間に最大4単位までしか生産できません。工程2が工場全体の生産を制約するボトルネックになっているからです。工程2の生産能力が1時間4単位なので，5単位以上の原材料を投入すると，工程1と工程2の間に在庫が発生するだけで，工場の生産量は4単位のままです。ボトルネックを改善しなければ，工場の生産量は増えません。1984年，アメリカの物理学者ゴールドラット（Goldratt, E.M.）は，生産管理に制約という考え方を持ち込んだ「制約の理論（Theory of Constraints：TOC）」を提唱しました。

## 8-2. 2つの制約と異なる利益

　図表2.のように，工程2が制約となって，工場全体の生産量を制限しています。工程2が制約となるのは，製品の需要が4単位以上ある場合です。この場合，工程2を改善できればその分，製品を生産することができます。反対に，製品の需要が4単位以下であれば，工程2は生産ができるので制約にはなりません。このことから工場の生産能力と製品の需要との関係は，状態により2つに分類できます。

　（1）手不足状態：工場の生産能力 ＜ 需要（好況タイプ）
　（2）手余り状態：工場の生産能力 ＞ 需要（不況タイプ）

　この2つの異なる制約の状態では，方策の効果はまったく異なります。小さな団子屋あづま屋で考えてみましょう。あづま屋では，店主が手作り団子を毎日100個作っています。販売価格は1個200

団子1個のデータ

(単位：円)

| | |
|---|---|
| 販売単価 | 200 |
| 材料費 | 80 |
| 利益 | 120 |

円，材料費は1個80円，その他の費用はかからないとします。

(1) 手不足状態：あづま屋は人手が足りないので，1日に100個しか作れません。100個全部売り切れると，すぐに店を閉めています。本当はもっとたくさん作って売れば，利益が増えるのですが，店主1人では作れません。

(2) 手余り状態：あづま屋は，あまりお客さんが来ません。お客さんがもっと来てくれれば，売ることができますが，1日100個作って平均80個くらいしか売れないので，残り20個ほどは廃棄しています。店主もお店が暇な時が多く，時間が余っています。

ある日，あづま屋の店主の友人が訪ねてきたので，お土産として10個渡しました。さて，いくらのお土産を渡したことになるでしょうか。上の2つの状態で考えてみましょう。

(1) 手不足状態：あづま屋は人手が足りないので，1日に100個しか作れません。100個全部が売り切れています。この状態で友人にお土産10個を渡すとどうなるか，お土産を10個渡した場合と，渡さないで販売した場合の1日の利益を比べてみましょう。

| | お土産を渡す | 販売する | お土産の損得 |
|---|---|---|---|
| | | | (単位：円) |
| 売 上 | 200円× 90個＝18,000円 | 200円×100個＝20,000円 | −2,000円 |
| 材料費 | 80円×100個＝ 8,000円 | 80円×100個＝ 8,000円 | 0 |
| 利 益 | 10,000円 | 12,000円 | −2,000円 |

いつも 100 個完売していますが，友人に 10 個お土産として渡したので，90 個しか販売できません。つまり，売上げ 10 個分 2,000 円の利益が減っているので，お土産は 2,000 円分になります。

(2) 手余り状態：いつも 1 日 100 個作って平均 80 個くらいしか売れないので，20 個ほど売れ残っている状態ですから，友人に 10 個渡しても損はしません。売れ残る 20 個のうちの 10 個を友人に渡したので，売れる数 80 個と作る数 100 個は変わらないからです。

|  | お土産を渡す | 販売する | お土産の損得<br>（単位：円） |
|---|---|---|---|
| 売　上 | 200 円× 80 個 =16,000 円 | 200 円× 80 個 =16,000 円 | 0 |
| 材料費 | 80 円×100 個 = 8,000 円 | 80 円×100 個 = 8,000 円 | 0 |
| 利　益 | 8,000 円 | 8,000 円 | 0 |

このように，10 個分のお土産の金額は，生産能力が制約となっている手不足状態と，市場が制約となっている手余り状態とではまったく異なります。手不足状態のときは制約が工場の中にあり，作れるお団子の数が限られていますので，お土産を渡すと大きな損失になります（−2,000 円）。一方，手余り状態のときは制約が工場の外にあり，売れる見込みはないので，お土産として渡しても損はしないのです（0 円）。つまり，制約の状態によって原価は異なります。

## 8-3. ボトルネックの管理

あづま屋の例からわかるように，制約がどこにあるかによって，お土産代は異なります。そこで，制約がどこにあるかを考えて，制約（ボトルネック）をうまく管理することが重要です。

手不足状態のあづま屋では，店主 1 人では作れないことが制約です。もっと作れば売れるのに，作れない状態，言いかえると，需要に対して生産が追い付かない状態なのです。このような場合には，

制約となっている生産能力を高めるように管理することが大切です。あづま屋の場合には，人を雇って生産する，機械を導入するなどの制約を緩和することで利益は増えます。企業や工場で言えば，不良品を出さないようにする，生産のスピードアップを図る，生産のリードタイムを短くする，コミュニケーション不足によるミスを無くすなどが考えられます。

　また，手余り状態の場合は，作ることはできるのに売れないので作らない状態，つまり，需要に対して生産能力が余っている状態です。このような場合には，まず制約に合わせて生産して在庫を作らないようにすることが第一です。あづま屋の場合には，80個しか需要がないので80個しか生産せず，在庫となる20個分を削減するようにして，コストの削減を図ります。

　しかし，生産を市場の需要に合わせることは，需要が変動する場合には難しいことがあります。特に需要が急に増えた場合には，欠品を生じることがあるからです。そこで，制約となっている需要を高めるようにすることが有効です。あづま屋の場合には，販売単価を下げる，おまけをつけるとか，広告宣伝するなどによってお客さんを増やすことが考えられます。一般的には，販売促進をする，営業活動を強化する，新製品を開発する，などが考えられます。

---

> ⊕ **第8章のまとめ**
> □　制約がどこにあるかによって利益は変わる。
> □　ボトルネックをうまく管理するかどうかがカギ。

---

参考文献

　エリヤコフ・ゴールドラット『ザ・ゴール』ダイヤモンド社，2001年。
　香取　徹『資本予算の管理会計』中央経済社，2011年。

## ケース：　サプライチェーン・マネジメント

# セブン＆アイのネット通販「オムニ7」
# 店頭受け取り，物流拠点進化，
# 複数注文まとめて処理

　セブン＆アイ・ホールディングスのグループ各社の商品をネットで注文し，自宅だけでなく，セブンイレブンの店舗で商品を受け取れる。これが昨年11月に始まったサービス「オムニ7」の特徴だ。店舗受け取りを実現するサプライチェーン・マネジメント（SCM）は既存の物流網を巧みに利用した。要は商品の複雑な仕分けを可能にした専用拠点「久喜センター」（埼玉県久喜市）だ。

　顧客はオムニ7のサイトでの購入時に自宅か店頭か商品受け取り方法を決める。どちらも注文と配達先の情報はすぐ久喜センターに送られる。センターは現在約70万品目の在庫を持ち，即出荷できる体制を整えている。

　書籍の店舗物流で実績があるトーハンのセンターにオムニ7の店舗受け取り商品を運び込み，ここでトラックに混載して通常の書籍物流に「便乗」する。既存の物流網をうまく使った効率的なSCMがオムニ7の運営コストを引き下げている。久喜センターはグループ各社の異なるジャンルの商品をワンストップで購入し，配送できるように随所に工夫が凝らされている。入荷した商品はセブンイレブンやイトーヨーカ堂，そごう・西武（e・デパート），ロフト，赤ちゃん本舗といった会社ごとに設けた棚に納められていく。日用品や小物などが多いそごう・西武とロフトの商品は小分けされ，棚に並べられている。

　1人ひとりの顧客の注文に応じて，膨大な商品を収めた棚を回ってピッキングするのは効率が悪い。そこで活躍するのが「マルチシャトルシステム」だ。壁一面に黄色のトレーが2千個も並ぶ光景は圧巻。一言で表現すれば注文された商品を複数分ひとまとめにして扱いながら最終的には注文単位に「荷合わせ」して出荷する作業を半自動化したものといえる。（略）

（日経情報ストラテジー4月号　川又英紀）　　　　　2016/06/24　日経産業新聞

# 9 サプライチェーン・マネジメント

## 9-1. サプライチェーン・マネジメントとは

サプライ（supply）は供給，チェーン（chain）は鎖の意味で，製品の原材料が調達され生産されてから，消費者に届くまでの一連の流れ全体をいいます。

### 図表1. 企業内サプライチェーン

調達 ⇒ 製造 ⇒ 配送 ⇒ 販売

サプライチェーン・マネジメント（Supply Chain Management：SCM）は，サプライチェーン全体を効率化することを目的としています。例えば，製造部門は時間内にたくさん作ろうと頑張りますし，販売部門は製品をたくさん売ろうとします。しかし，もし顧客がその製品をそれほど必要としていなかったらどうでしょうか。売れ残りの在庫が増えるばかりです。それぞれの部門が効率化して部分的に最適化しても，企業全体の最適化にはならないのです。つまり，企業全体が顧客の必要とする分に合わせて作り，売ることが大切なのです。

製造工程1カ所についても，サプライチェーンは当てはまります。図表2.は，工場内で原材料を投入し，工程1〜3で加工して，製品が完成していくプロセスを示しています。工程2が，工場全体の生産を制約するボトルネックになっているため，この工場では1時間に最大4単位までしか生産できません。製品がいくつ売れるの

**図表2. 製造工程のサプライチェーン**

かを考慮しないで，それぞれの工程が能力いっぱいまで生産しても，工程間に在庫が発生するだけです。このように小さなサプライチェーンでもボトルネックを管理し，需要に合わせて生産することが重要です（8. 制約の理論を参照してください）。

**図表3. 企業間サプライチェーン**

複数の企業が関係する業界全体についても，サプライチェーンが当てはまります。サプライヤー，メーカー，物流業者，小売業のそれぞれの企業が部分最適化しても，サプライチェーン全体で考えなければ全体最適にはならないのです。例えば，需要が急に増大し，小売店からの増産の要求に対してメーカー，物流業者，サプライヤーそれぞれが対応すると，結局多くの在庫を抱えることになります。サプライチェーン全体で需要に合わせることが大切です。現在，1つのメーカーでも世界中のサプライヤーから部品を調達し生産して，世界中で販売する国際的なグローバル・サプライチェーンが行われています。

このように，サプライチェーン・マネジメントでは，顧客のニーズをとらえて「必要なものを，必要な時に，必要なだけ」生産・販売することが大切です。そのためには，ボトルネックを管理して，生産量をできる限り販売量に合わせて「同期化」（異なる工程が同じタイミングで生産すること）し，リードタイム（製品の完成までにかかる時間）を短くすることが大切です。同期化することで，不必要な

在庫を持たないことにもつながります。そして，何よりもサプライチェーン・マネジメントを支えるために不可欠なことは，需要の予測と情報の共有のための IT（情報技術）です。例えば，POS（point-of-sale）販売地点情報管理は，迅速な販売情報を生産部門や販売部門に提供します。IT とボトルネックの管理の実例として，ファーストリテイリング（ユニクロ）とトヨタを紹介します。

## 9-2. 事例：ファーストリテイリング（ユニクロ）

　アパレル業界では，商品企画，製造，小売りがそれぞれ分業化されています。例えば，百貨店や小売店では，アパレルメーカーから商品を仕入れて販売する流通形態が一般的です。これに対して，ファーストリテイリング（Fast Retailing：FR）のような SPA（自社ブランドの衣料品の専門店小売業者）では，自社開発の商品・ブランドの企画，製造から販売まで一貫して行うことができます。これによって，統一したコンセプトによる商品展開や，原価低減による低価格販売ができるようになりました。しかし，SPA は需要の変動のリスクを負うので，在庫を最小限にするために店舗での情報をいち早く生産に結びつける生産体制が整わなければなりません。そこで現在ファーストリテイリングは，「無駄なものは作らない，運ばない，売らない」をモットーに，サプライチェーンの抜本的な改革を進めています。

　それは RFID の導入です。RFID とは，タグに埋め込まれたデータを電波によって非接触で読み書きするシステムで，無線自動認識といわれています。バーコードは，レーザなどでタグを1枚1枚スキャンするのに対し，RFID は，電波で複数のタグを一度にスキャンすることができます。ファーストリテイリングでは，生産段階から全商品に RFID タグをつけて，サプライチェーンに関する情報・数値を把握して在庫管理を徹底し，顧客の要求にいち早く応えるシ

ステムを構築しています。今までは「店舗の倉庫に何個の在庫があるか」「商品が、いつ、何個、店舗に届くか」「どこの倉庫に何個在庫があるか」といった在庫情報は、工場、倉庫や店舗でそれぞれ確認していたために、時間も人手もかかり、ミスも発生していました。RFIDを全商品に付けることで、正確な情報を工場でも店舗でも迅速に共有できるようになり、ミスも大幅に改善されました。このシステムはZARAやウォルマートがすでに取り入れていますし、図書館などで採用が検討されています。一方、コストがかかるという問題があります。

## 9-3. 事例：トヨタ

　経済のグローバル化によって、世界中の生産拠点から販売市場へとサプライチェーンが拡大しました。トヨタはグローバル・サプライチェーンを展開していますが、実は国内生産に占める輸出分は52％（2017年）と意外に国内生産に依存しています。それは、トヨタのグローバル・サプライチェーンの特徴が、部品調達と現地市場の特性への対応にあるからです。

　主な生産拠点と販売市場を、日本、北米、中国で考えると、それぞれの市場の特性は異なります。現地ディーラー（販売業者）が注文を受けてから、生産しディーラーに納車されるまでの期間をリードタイムといいます。日本国内のリードタイムは1カ月ですが、北米や中国で販売する車は、現地で生産しても日本で生産しても3カ月と変わりません。これは現地生産がかなり進んでいるにもかかわらず、主要な部品は日本から供給しなければならないからです。つまり、日本からの支給部品がボトルネックとなって、車のリードタイムを長くしています。

　販売市場の特性も異なります。日本では個別の仕様を顧客が決め

てから納車を待ちますが，北米や中国市場では店頭販売が基本で，顧客がディーラーに来て，そこにある車の中から購入し，乗って帰ります。したがって，ディーラーは在庫をかなり持っていないと，顧客を逃してしまうことになります。この販売方式の違いは，生産方式も変化させます。「見込み発注」「見込み生産」によって在庫を確保するので，ディーラーに買い取り枠と在庫を持たせることになります。

このような市場によるリードタイムの違い，販売方式の違いを調整しているのが，国内での生産体制です。国内では「国内向け」「海外向け」を混ぜて「平準化」して生産することで，効率化を達成しています。そのため，国内生産に占める輸出比率が高いのです。

## 9-4. サプライチェーン・マネジメントとリスクマネジメント

最適なサプライチェーンを構築しようとすると，材料や部品の調達先を集約して購入量を増やし，調達コストを削減しようとします。生産拠点を再編して，拠点や工程の統合を進めるかもしれません。グループ会社間での物流統合を行って物流費を節減したり，在庫を削減してコスト削減を実現しようとします。しかし，ここにサプライチェーンのリスクが潜んでいます。

2011年に発生した東日本大震災やタイの洪水は，多くの日系企業のサプライチェーンを寸断しました。メキシコ地震，アメリカのハリケーン被害，欧州での爆弾テロ，日本の豪雨被害，熊本地震な

ど，世界中の自然災害やテロ事件など企業が直面する事件・事象は事欠きません。特に最近では，想定を超える自然災害が多発し，集約された調達先，統合された生産拠点，ハブとなる物流拠点でサプライチェーンが寸断されると被害は甚大です。大規模なサプライチェーンを展開する自動車産業はすそ野の広い業界といわれ，国内だけでも数百社の部品や材料の納入業者と，さらに数百社におよぶ販売会社を有しています。そのうちの1つの部品が届かないだけでも，生産は止まってしまうかもしれません。このように，規模が大きくなった企業が，効率化のために進めるサプライチェーンを取り巻くリスクはさまざまです。しかも，サプライチェーンを効率化させる方策が，リスクに対しての弱点となっています。

　イギリスでは，救急隊と地方自治体に，非常事態に対して積極的に備え計画することを義務づける民間緊急事態法 2004 が制定されました。2012 年には国際規格 ISO22301 が発行され，世界的規模で「事業継続計画（Business Continuity Planning：BCP）」が進められています。事業継続計画は，地震や洪水などの自然災害，感染症や大事故などが発生しても，企業が重要な事業を中断させない，または中断してもできるだけ短時間で復旧させるための方針，体制などの計画のことです。この計画を実施・管理・評価していく仕組みを「事業継続マネジメント：BCM」といいます。事業継続マネジメントは，さまざまなリスクに対して「非常時にまず優先しなければならない業務」「本社中枢機能の確保」「情報システムの復旧維持」「資金の確保」といった方策を具体的に計画策定することです。そして，事業継続マネジメントをうまく機能させていくための教育・訓練を実施することが必要です。2016 年，内閣府の調べでは，大企業で 60%，中小企業で 6% が事業継続計画を実施しています。サプライチェーン・マネジメントの効率化にとって，リスクマネジメントが重要な要素となっています。

> **! 第9章のまとめ**
>
> ☐　どうしたら，早く，安く商品を届けることができるか。
>
> ☐　作る人から売る人までが情報を共有。
>
> ☐　生産を集約するとコストダウンになるが，災害のリスクが高まる。

参考文献

富野貴弘・新宅純二郎・小林美月「トヨタのグローバル・サプライチェーンマネジ
　メント」『MMRC Discussion Paper Series』No.463，2014 年。
緒方順一・石丸英治『BCP（事業継続計画）入門』日本経済新聞社，2012 年。

## ケース： 投資の経済性計算

# TDK，現金収支，赤字続けば撤退も 正味現在価値で事業選別へ， 来年4月からグループ全社に適用

　TDK は事業選別を進めるため，新たに正味現在価値（NPV）方式を活用した管理指標を導入する。一定期間でキャッシュフロー（現金収支）を黒字化できない事業は，撤退を含めて検討する。来年4月からグループ全社に適用し，選択と集中を加速させ，資産効率向上と企業価値増大につなげる。

　現在は製品ごとに連結損益を出している。仮に赤字商品の生産を中止すると，同じ設備で製造している別の商品の固定費負担が重くなるため，撤退しにくかった。そこでまず製造ラインや，それを管理する従業員などに応じて事業を再区分する。

　次にそのユニットの営業損益に設備投資と減価償却費を加え，さらに在庫水準を加減して，期間のフリーキャッシュフロー（純現金収支）を算出。一定の率で割り引いて事業の現在価値を求める。すでに同社が取り入れている独自の経済付加価値（＝TVA）に資本コスト 8% を適用しているため，今回も適用割引率はとりあえず 8% を前提にする。ただ，金利状況などを勘案して今後修正する可能性もある。

　NPV の算出対象期間は 2003 年 3 月期―2005 年 3 月期までの 3 期分。今期を含めた過去 2 年分の実績と比べ，採算を確保できるかどうかを見極める。黒字化が難しそうな場合や改善が思うように進まない場合は，撤退を含めた検討に入る。新規事業の展開や企業買収にも同指標を活用していきたい考え。

2001/12/29　日本経済新聞

# 10 投資の経済性計算

## 10-1. 資金の時間的価値

プロジェクトが長期にわたる場合，採算がとれるかどうかを計算するのが，投資の採算性計算です。工場を建設して機械を設置し，従業員を雇って製品を生産して販売する長期のプロジェクトが，経済的に採算が合うか計算しなければなりません。この計算は，長期間の資金の流れを予測して計算しますが，特徴的なことは「資金に時間的な価値がある」ということです。

資金の時間的価値とは，今日の1万円と1年後の1万円とは価値が異なるということです。それは「利子」があるからです。現在10,000円持っている人が，銀行に1年間預金するとします。銀行の預金の利子が年10%とすると，この人は1年後に利子1,000円を含めて11,000円を受け取ることができます。つまり，利子の分が増えています。

今の価値を「現在価値」，1年後のような将来の価値のことを「将来価値」といいます。現在価値と将来価値の関係は以下です。

1年後の将来価値＝現在価値 10,000 円 ×（1＋0.1）＝11,000 円

同じように2年間，銀行に預けると，1年後の元利合計に再び利子がついて

2年後の将来価値＝1年後の将来価値 11,000×(1＋0.1)
　　　　　　　　＝現在価値 10,000円×(1＋0.1)²＝12,100

　このように，現在の 10,000 円は時間の経過とともに利息が付いて増えていくので，現在の 10,000 円と 1 年後の 10,000 円とでは，同じ 10,000 円でも，その価値が異なります。「1 年間，机の中に 10,000 円札をしまっておいたら，1 年後も同じ 10,000 円札ではないの？」と思うかもしれません。確かに 10,000 円札は変化していません。しかし，この人は銀行に預金をしなかったから増えなかっただけです。預金していれば増えていたはずの利子の分だけ，損をしていたのです。

　長期のプロジェクトでは，事業を始める前にかなりの資金が必要です。そこで企業はこの必要な資金を，銀行から借りるか株主から拠出してもらいますが，この資金には利子がかかります。この利子のことを「資本コスト」といいます。企業はプロジェクトから得られた資金で，この借金と利子を返済しなければなりません。

## 10-2. 現在価値に割り引く

　ある人が銀行に預金して，1 年後に 10,000 円を受け取りたいと思っています。銀行の預金の年利率が 10％ だとすると，今いくら預金すればいいでしょうか。1 年後の元利合計である将来価値 10,000 円は，現在価値に利子を加えたものですから，

　　　　1 年後の預金 10,000 円＝現在の預金×(1＋0.1)

この将来価値を現在価値に換算することを「割り引く (discounted)」

といいます。この式から，現在価値は将来価値から利子を割り引いて求めます。

$$現在の預金 = 1年後の預金 10,000円 \times \frac{1}{(1+0.1)}$$

$$= 10,000円 \times 0.90909 = 9,091円$$

現在価値 9,091 円を利子 10% で預金すると，1年後の将来価値は 10,000 円になるということです。

では，2年後に 10,000 円を受け取るようにしたいとしたら，今いくら預金すればいいでしょうか。この場合は2年分割り引きます。

$$2年後の預金 10,000円 = 現在の預金 \times (1+0.1)^2$$

$$現在の預金 = 2年後の預金 10,000円 \times \frac{1}{(1+0.1)^2}$$

$$= 10,000円 \times 0.82645 = 8,265円$$

このように，資金の時間価値を計算に入れて投資の採算性を計算する方法を「割引きキャッシュフロー法（Discounted Cash Flow Method：DCF 法）」といいます。

## 10-3. 採算性の評価方法

プロジェクトの採算性は，銀行や株主から集めた資金を投資し

て，これから将来得られる資金をまかなえるかどうか，という計算です。企業に入ってくる資金（キャッシュイン）と企業から出ていく資金（キャッシュアウト）の差額（キャッシュフロー）で計算します。将来のキャッシュフローを予測した図を「キャッシュフロー図」といいます。下の図のように，現在100万円を投資すると，以下のようにキャッシュフローが生じる投資案を考えてみましょう。縦軸がキャッシュフロー，軸の上方が資金の流入，下方が資金の流出です。横軸は年数で，0の時点は現在を，それ以後1年後，2年後……を表します。この最初の投資額100万円を調達するための資本コストを10%とします。

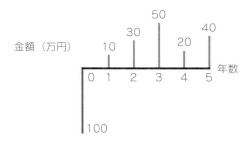

投資案の採算性を調べる方法は，3種類あります。①金額，②効率，③期間です。金額でいくらもうかるのか，何％の効率でもうかるか，何年でもうけが出るかです。このうち①金額と②効率は，投資案の収益性がわかりますが，③期間は早く投資資金を回収することの目安で，安全性を表します。

## 10-4. 金額：いくらもうけがあるか

企業の将来生じるキャッシュフローから投資額を差し引いて，いくらもうかるかを計算する方法です。この方法では正味現在価値法（Net Present Value Method：NPV法）が代表的で，将来生じるキャッシュフコーをすべて現在価値に割り引いた合計額から投資額を差

し引きます。

　まず，1年後の10万円を現在価値にするために，資本コスト10％で1年分割り引きます。

$$P = 10\text{万円} \times \frac{1}{(1+0.1)^1} = 9.1\text{万円}$$

2年後の30万円を現在価値にするためには，2年分割り引きます。

$$P = 30\text{万円} \times \frac{1}{(1+0.1)^2} = 24.8\text{万円}$$

　以下同様に，5年分の流入するキャッシュフローの現在価値合計額を求めて，流出する投資額100万円を差し引くことで正味の現在価値が求められます。

$$NPV = 10\text{万円} \times \frac{1}{(1+0.1)^1} + 30\text{万円} \times \frac{1}{(1+0.1)^2} + 50\text{万円}$$
$$\times \frac{1}{(1+0.1)^3} + 20\text{万円} \times \frac{1}{(1+0.1)^4} + 40\text{万円} \times \frac{1}{(1+0.1)^5}$$
$$-100\text{万円} = 9.9\text{万円}$$

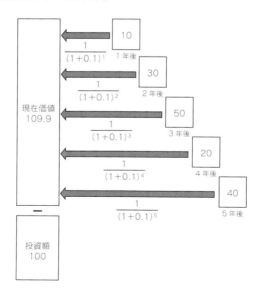

この方法では，100万円を年利率10%で借りて，この投資案に投資すると，5年分の流入分は投資額の100万円を差し引いても，9.9万円もうかると判定できます。この方法は，NPVがプラスであれば，投資した方が有利であると判断します。わかりやすいので世界中で用いられている便利な方法です。

**10-5. 効率：いくらの効率でもうかるか**

　投資案のもうかる効率は，投資額とキャッシュフローの比率のことです。この比率にはいろいろなものがありますが，①内部利益率法と②PIC法の2つの方法を説明しましょう。

① 　内部利益率法（Internal Rate of Return Method：IRR法）

　IRR法は，投資案自体が持っている収益性を表します。つまり，投資額とキャッシュフローが等しくなる利率のことです。ケインズ（Keynes, J. M）が提唱した資本の限界効率のことで，アメリカをはじめ多くの国で使用されている方法です。

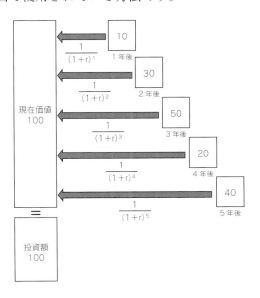

$$100\,万円 = 10\,万円 \times \frac{1}{(1+r)^1} + 30\,万円 \times \frac{1}{(1+r)^2} + 50\,万円$$

$$\times \frac{1}{(1+r)^3} + 20\,万円 \times \frac{1}{(1+r)^4} + 40\,万円 \times \frac{1}{(1+r)^5}$$

投資額とキャッシュフローが等しくなる利率が内部利益率 $r$ ですから，NPV がゼロになる利率のことだといいかえることができます。この式は 5 次方程式を解くことになり，計算で求めるのは大変ですが，表計算ソフトの Excel の関数やグラフを使って求めることができます。この $r$ は13.46% になります。この投資案の内部利益率が13.46% ですから，投資資金 100 万円の調達のための資本コスト 10% を超えているので，案件は採用した方が有利であると判断できます。逆に 10% 未満であれば，調達コストを超えられないということで案件は棄却されます。

　しかし，この方法によって求められる解 $r$ が複数あるときには，正しい答えが得られない，という欠点があります。

② 　PIC 法〔Profit Index under Constraints：PIC〕

　PIC 法は，制約条件の下での利益指標という意味です。この方法は，制約条件がある場合に最大の利益を得るための順位を示します。例えば，リュックサックにできるだけ品物を詰めて，合計金額を最大にすることを想像してみましょう。リュックサックに詰めることができる品物の大きさには限度があり，たくさんある品物全部を詰め込むことはできないとします。つまり，体積が制約となって，増やしたい利益を抑えているのです。このような時に，どのように品物を選んで詰め込むと金額が最大になるか，の指標が PIC です。この場合の PIC は，品物の金額をその体積で割った値，つまり $1\mathrm{cm}^3$ 当たりの利益です。PIC の順番に品物を詰めていくと，

リュックサックの中の品物の金額が最大になります。つまり，PIC は資源の 1 単位当たりのキャッシュフローの効率を表します。

$$PIC = \frac{\text{品物の金額}}{\text{品物の体積}} = \frac{\text{キャッシュフロー}}{\text{制約資源}}$$

　例えば，リュックの容量は 500cm$^3$ です。以下の品物の金額が多くなるように詰めるには，どのように選択したらよいでしょうか。

|   | 体積 | 金額 | PIC | 順位 |
|---|---|---|---|---|
| A | 500cm$^3$ | 100 | 0.2 | 3 |
| B | 400cm$^3$ | 90 | 0.225 | 2 |
| C | 300cm$^3$ | 30 | 0.1 | 5 |
| D | 200cm$^3$ | 25 | 0.125 | 4 |
| E | 100cm$^3$ | 30 | 0.3 | 1 |

　この場合，PIC は金額を体積で割った値です。PIC の高い順に E と B を選ぶと金額は $30 + 90 = 120$ となり，最大になります。

　投資案がたくさんある場合，決められた予算内で最大のキャッシュフローを得るための投資案を選択しなければなりませんが，その時の指標が PIC です。キャッシュフローの正味現在価値（NPV）を投資額で割った値が PIC で，この場合には，NPV は 9.9 万円ですから，

$$PIC = \frac{NPV}{\text{投資額}} = \frac{9.9\,\text{万円}}{100\,\text{万円}} = 0.099$$

PIC は，投資案が複数ある場合に，選択する優先順位を表します。また，PIC の式の分子が NPV なので，NPV と同じように PIC もプラスかマイナスかで，投資案を採用するかどうかも決まります。

### 10-6.　期間：何年でもうけがでるか

　回収期間法は，投資額が回収できることを確認することが目的です。投資案の収益性よりも安全性を示す方法ですので，早く回収できれば好ましいと考えます。日本では 1980 年代まで，ほとんどの企業がこの方法を採用していましたし，現在でも採用する企業は多くあります。

　回収期間法には，資金の時間価値を考える方法と考えない方法があります。ここでは，資金の時間価値を考える方法を説明します。回収期間法は，前年の投資未回収残高に対して金利がかかると考えて，その分も未回収残高に加えて回収します。初期の投資額 100 万円は，1 年度末に 10% の金利分 10 万円を加えて，110 万円が投資の未回収分となります。ここに 1 年度末のキャッシュフロー 10 万円を回収するので，1 年度末の未回収残高は 100 万円になります。同じように 2 年度末には，1 年度末の未回収残高 100 万円に 10% の金利分 10 万円を加えて 110 万円が未回収残高になりますが，2 年度末のキャッシュフロー 30 万円を回収するので，2 年度末の未回収残高は 80 万円になります。以下同様に計算して，未回収残高がなくなる時点が回収期間です。

|  | 0 | 1 | 2 | 3 | 4 | 5 |
|---|---|---|---|---|---|---|
| CF | −100 | 10 | 30 | 50 | 20 | 40 |
| 金利 |  | −10 | −10 | −8 | −3.8 | −2.18 |
| 残高 | −100 | −100 | −80 | −38 | −21.8 | 16.02 |

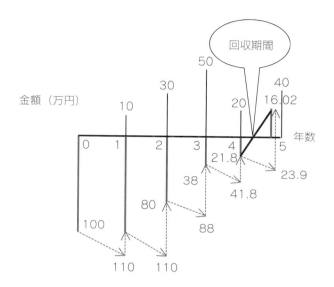

　回収期間法は，あくまで投資案の安全性を確認する方法ですから，投資案がいくらもうかるかはわかりません。この場合，回収期間は約4.58年（4＋21.8÷(21.8＋16.02)）となります。

## 10-7. 投資の採算性

　投資の採算性は，現在価値でいくらもうかるかを計算するNPV法がわかりやすいので，多くの企業で行われています。効率で計算するPIC法は，複数ある投資案の順位付けに役立ちます。IRR法は世界的に使用されている方法ですが，正しい解にならないことがあり，NPV法で確認することが好ましいです。たとえ採算がとれるとわかっても，回収期間を確認しておくことが安全です。特に，競争が激しい分野への投資の場合には，資本効率を考慮した時間価値を考える回収期間法は重要です。投資は，設備の更新・維持投資や事業拡大投資，それもいろいろな規模での投資がありますし，採算性よりも戦略的に投資する場合などいろいろな投資があります

が，いずれにしてもこのような計算が必要です。

> ⚠ 第 10 章のまとめ
>
> □ 投資がもうかるかどうかを判定する方法（DCF 法）。
>
> □ 投資は，金額，効率，期間で判断する。

参考文献

香取　徹『意思決定の管理会計』改訂版，創成社，2018 年。
香取　徹『資本予算の管理会計』中央経済社，2011 年。

# 第2部

# 企業内部の管理会計

## ケース： 予算の管理

# 伊藤忠，クラウド販売強化，品目を拡大

　伊藤忠商事はネットワーク経由で情報システムの機能を利用できる「クラウドコンピューティング」型サービスの品ぞろえを拡充する。競合ソフトと比べ10分の1の価格で導入できる予算編成支援サービスの販売を近く始める。3年間で250社へ導入，計5億円の売り上げを目指す。同社は今回のサービスを含め，今年度までに30～50のクラウドサービスを立ち上げる計画だ。

　8月にクラウドサービスのポータル（玄関）サイト「クラウドゲートウェイ」を開設。業務の効率化に役立つ海外のクラウドサービスを日本語化して提供している。既に米サクセスファクターズが提供する人事管理サービスなど3つのクラウドサービスの販売を始めた。中堅・中小企業のほか大企業の各部署に向け提供している。

　今回，予算編成や業績管理を支援する米アダプティブ・プランニング（カリフォルニア州）のシステムの提供を新たに始める。予算編成の業務を省力化できるという。これまで中堅・中小企業の多くは手作業で予算管理を実施していたため効率が悪かったという。　　　　　　　　2010/09/06　日本経済新聞

# 11 予算の管理

## 11-1. 予算とは

　予算とは，利益計画に従って立てられた目標を達成するために，将来の活動を数字で表したものです。経営活動は，この予算に基づいて進められます。「売上予算を達成するための今期売上目標100万円」「予算目標，月間原価節減50万円」などのように，利益計画は，これから行う行動や，誰が何をいつまでに実行するかを表すもので，具体的に金額で裏付けたものが予算です。ですから利益計画と予算とは，目標と手段の関係であるといえます。

　通常，予算は，1カ月や1年ごとの一定期間で計画されます。期間終了後に予算に対する実績を分析し，その反省を活かして次年度の利益計画と予算が立てられます。この一連のプロセスを予算管理といいます。20世紀初頭，管理会計が登場した頃は，管理会計の主要な役割は予算管理にあったといえるほど大切なものでした。

## 11-2. 計画と予算

　会社にはその会社ならではの経営理念や方針があり，社訓や社是として表されています。会社のトップは経営理念に基づいて，5年後，10年後に達成したい計画や，理想像である長期経営計画を作成します。この長期経営計画の実現のために，3年程度で「何をするべきか」を具体的に示したものを中期経営計画といいます。そして経済予測，市場調査や競争企業の状況などを考えた，中期経営計画の1年ごとの計画が（短期）利益計画です。図表1.はサッポログループの経営計画です。

### 図表1. サッポログループの経営計画

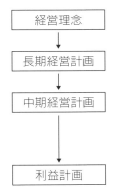

予算はこの利益計画を具体的に反映したもので，次年度の販売量，生産量，在庫量などの計画に必要な資金の裏付けを表しています。ですから，予算と利益計画は一体となって実行されます。

予算の目的は，利益計画を具体化することで，責任を明確にします。誰がどこまでの計画と資金の責任を持つかということをはっきりとさせることによって，資金の効率的配分ができます。責任を明らかにするために，事前に経営トップから与えられた利益計画を，部門の管理者に目標値として伝えて調整を取ることが必要ですし，部門間の調整も必要です。このように予算には，経営管理者たちの意向，今年はこういう事業をするというメッセージを直接，現場の人たちに伝える手段になると同時に，業務活動を行う現場の人たちが予算に関心を持つことで，動機づけ（モチベーション）が高まります。

## 11-3. 予算の種類

予算は，図表2.のように期間別，組織別，費目別予算に分けることができます。

図表 2.　予算の種類

| 期間別 | 月間予算 | 四半期予算 | 年間予算 |
|---|---|---|---|
| 組織別 | 総合予算 | 部門予算 | |
| 費目別 | 損益予算 | 資金予算 | 資本的支出予算 |

　損益予算には，売上高予算，製造間接費予算，販売費予算など業務によっていろいろあります。また，資本的支出予算は，プロジェクトや設備投資などの事業の予算です。総合予算は，最終的には見積損益計算書や見積貸借対照表などの見積財務諸表に集約されます。期間や組織によって，販売部年間予算，製造部四半期予算というように組み合わされる予算もあります。


## 11-4.　予算管理のプロセス

　予算はどのように作成され，その後どうなるのでしょうか。予算は，予算編成 → 業務執行 → 差異分析 → 修正というサイクルで行われます。このサイクルを PDCA サイクルといいます。Plan（計画）→ Do（実行）→ Check（評価）→ Action（改善）のサイクルです。予算では，利益計画から予算を作成することを「予算編成」といいます。全社的な利益計画に基づき，組織全体と各組織単位の業績目標が予算として設定されます（P）。次に，この目標を達成するために予算が執行されて，業務活動が行われます（D）。そして，実行された活動が目標達成に貢献しているかを実績と比較し，差異を分析します（C）。この結果に基づいて，次期の予算編成のための修正，改善提案が行われます（A）。このプロセス全体のことを「予算管理」といいます。

**予算管理は PDCA サイクル**

　予算編成には，基本的にトップダウン予算とボトムアップ予算の2つの方式があります。トップダウン予算（天下り型予算）は，トップ・マネジメント（経営管理者たち）から，全社の経営計画に基づき目標値，予算を各部門に割り当てて編成する方式です。各部門担当者は予算をトップから押し付けられるので，従業員のモチベーションが高まらないという問題があります。一方，ボトムアップ予算（積み上げ型予算）は，各部門が編成した部門予算案を統合して，総合予算を設定する方式です。部門担当者が実情にあった予算を編成しやすいので，現場の意見を吸い上げやすいのですが，それぞれの部門に都合のいい予算になりやすく，全体として利益計画との整合性や資源の最適配分が難しいという問題があります。

　そこで実際には，トップによって設定された利益計画に基づいて，各部門で自主的に予算編成されますが，その際，予算の担当者がトップと現場部門との間に入って調整を図ります。これは「キャッチボール」といわれる実務で，トップダウンとボトムアップの折衷型です。この「キャッチボール」が，日本の企業の予算編成に多く見られる特徴です。

## 11-5. 予算と実際の差異

　予算編成によって見積財務諸表が作成されると，予算が執行され業務活動が行われます。業務活動が一定期間行われると，予算をどの程度実行できたかを明らかにする必要があります。これが「予算差異分析」です。予算に対して実績を測定して比較し，差異がなぜ生じたかを分析します。

　予算差異を計算してみましょう。A社の予算では，製品Xの販売価格＠2,000円，販売数量500個でしたが，実際には値引き販売したため販売単価＠1,800円，販売数量600個売れました。売上高差異は，実際額－予算額で表されます。差異がプラスであれば有利差異，マイナスは不利差異です。

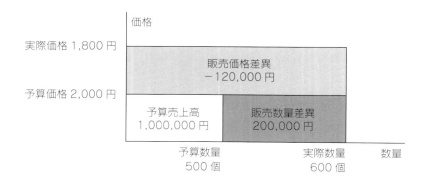

　　売上高差異＝1,800円×600個－2,000円×500個＝80,000円
　　販売数量差異＝(600個－500個)×2,000円＝200,000円
　　販売価格差異＝(1,800円－2,000円)×600個＝－120,000円

　この分析の結果，販売単価の引き下げ効果によって販売数量が伸びたために，予算を超えることができたことがわかります。次に，販売単価はなぜ下げなければならなかったか，という検討が必要になります。

## 11-6. 予算管理の課題

　予算管理は企業の経営活動の中心である利益計画の実行を可能にするとともに，各部門をコントロールします。予算を計画通りに実行していくには，各部門の人たちが予算に対してどれだけ真剣に取り組むことができるか，にかかっています。そのためいろいろな方策が行われていますが，課題もあります。ここでは，①参加型予算管理，②予算スラック，③脱予算管理の３つの方策とその課題を考えてみましょう。

　①人を動機づけて積極的に行動させるには，その取り組みに参加させること，つまり，予算の責任を持つ人に予算編成に参加してもらうことです。これを「参加型予算管理」といいます。部門管理者にとって不合理に高い目標が与えられると，目標を達成しようという意欲を失ってしまう場合があります。参加型予算管理では，仕事にやりがいと責任感を持ってもらうこと，自らが決めた予算なので目標達成に積極的に関わってくれること，経営者と部門管理者のコミュニケーションが盛んになるため円滑な仕事ができることなどのメリットがあります。日本では参加型予算管理が盛んに取り入れられており，これは日本の文化や長期雇用と関係しています。

　②各部門が予算編成に関わるときに，各部門からは自分たちの要求額は多めにして，自分たちの目標収益は少なめに計上することで，目標を超えやすくするという行為が行われます。つまり，「費用は多めに」「収益は少なめに」というものです。各部門からの申請予算額と適正予算の差額のことを「予算スラック」といいます。予算編成では，この予算スラックを巡って本社スタッフと部門管理者との間で駆け引きが生じます。予算スラックが生じないことは理想ですが，予算にある程度の余裕は必要です。日本では，現場管理者の参加型予算管理やコミュニケーションが有効に作用して，予算スラックを少なくしています。また，予算目標の達成度を報酬と結

びつけないといった方策も行われています。

　③予算管理の問題点としてしばしば議論されるのは，予算が弾力的に運用できないために変化の激しい競争環境では対応が遅れる，予算編成と差異分析には時間とコストがかかるなどです。1年間の年度予算を採用している場合，1年間は予算が固定されますし，予算の調整に時間がかかるので，予算編成に3〜4カ月はかかるといわれています。21世紀に入り，脱予算管理（Beyond Budgeting）という考え方がヨーロッパから登場しました。経営にスピード感を与え戦略的に経営を追求するためには，予算は不要だというのです。今後，日本の企業がどれだけ脱予算管理を取り入れていくかはわかりませんが，予算を修正することで対処している企業は多く，第1四半期（3カ月）が終了するとすぐに修正に取り掛かる場合もあります。また，ローリング予算といって，1カ月終了すると新たに最終月を加え，常に直近1年間の予算を更新していく予算などが検討されています。

---

> ⚠ **第 11 章のまとめ**
> □　予算は利益計画の 1 年分の予定表。
> □　予定通りに計画を実現するためには，社員に目標達成への意欲
> 　　を持ってもらうこと。そのためには何が重要か。

---

参考文献

櫻井通晴『管理会計』第 6 版，同文舘出版，2015 年。
李建・松木智子・福田直樹「予算スラックと日本的予算管理」『京都学園大学経営学部論集』第 21 巻第 2 号，2012 年。

## ケース： 標準の原価

# 月桂冠，損益管理，月別に
## ——財務・会計システム刷新

　清酒大手の月桂冠（京都市，大倉治彦社長）は4月，財務・会計システムを刷新し，月別の損益管理手法を導入する。清酒はビールなどと違い仕込み時期の冬場に業務が集中するため，月次決算の作成が難しかった。同社は通年醸造を実施しており，今後は本社や工場，支店ごとに月別損益を算出する。若者の清酒離れなど業界の構造変化が進んでいるため，清酒会社にありがちな"どんぶり勘定"を改め，収益力の強化につなげる。

　新システムは監査法人のトーマツ（東京・港，田近耕次代表）に依頼して開発した原価管理ソフトとエス・エス・ジェイ（同品川，大谷俊二社長）の会計パッケージソフト「スーパー・ストリーム」を組み合わせて構築した。すでに本社と伏見，灘の2工場，全国12の支店に機器とソフトの配備を終えており，近く運用を始める。

　月次損益の導入に合わせて製造部門では，実際にかかった費用を事前に算定した標準原価と比べる標準原価計算方式を採用。精米や醸造，容器詰めなど6工程について毎月，原材料価格などをもとにした標準原価をはじき出し，実際に発生した費用と比べる。営業と管理部門でも期初の予算と実際に発生した経費との差を月ごとにつかむ。

　会計基準を支払い完了時ではなく取引発生時点で費用を計上する方式に変更することによって，翌月の10営業日後には決算報告書を作成できるようにする。標準原価方式は一年かけてデータを積み上げ，2000年度以降に経営指標として活用することになる。

　月桂冠はこれまで，9月と3月の年2回，決算書を作成してきたが，コスト管理をきめ細かなものにする必要があると判断した。　1999/02/26　日経産業新聞

# 12 標準の原価

## 12-1. 標準の原価（標準原価計算）とは

　標準原価計算とは，標準となる原価を設定して計算する方法です。設定した標準原価を実現するように製品を作りますが，実際には目標通りにいかない場合が多いので，実際にかかった原価（実際原価）と標準原価との差額が生じます。この差額がなぜ生じたかを分析することで，次年度の予算に生かすことができます。このように実際の原価を，目標とする標準原価に近づけようとすることを「原価管理」といいます。標準原価計算は，原価管理のためになくてはならないツールです。

## 12-2. 実際原価計算の欠陥

　原価計算が誕生したころは，実際にかかった原価を正確に計算することが大切だと考えられていました。実際の原価に利益を加えて，販売価格を決めていたからです。ところが，実際原価では，原価を管理し低減させることができないことがわかってきました。例えば，材料費は材料単価に消費した数量をかけて求めますが，材料単価は市場での価格が変動するので，材料費も変動します。同じものを作っても製品原価が変わってしまいます。同じように，労務費は賃率に作業時間をかけて求めますが，工員が間違えて作業時間がかかったとすると，同じ製品を作っても労務費は変わってしまいます。このように実際原価には，価格，能率，生産量その他の原価に影響する偶然の要素が多く含まれています。実際原価を下げようとしてもたくさんの要素が影響しているため，どの要素が原因かがわ

かりません。また，実際原価計算では，1カ月間にかかった原価を集計するので，月末になるまで原価の計算ができません。これでは，月の途中で完成した製品の原価がわからないので，いくらで販売していいかもわからないのです。

このような実際原価計算の欠陥を克服するために，標準原価計算が考え出されました。原価計算から偶然の要素を排除するためには，技術者が慎重に統計的，科学的方法によって，材料の標準消費量や標準価格，工具の標準賃率と標準作業時間などを決定します。そうすれば，実際の原価が後でわかった時に，実際原価と標準原価とを比較して，「なぜ材料費が高くなったか」が「消費量が多かったから」なのか「単価の高い材料を使ったから」なのかがわかるというわけです。

## 12-3. 標準とは

標準原価の「標準」とは何でしょうか。標準原価計算が誕生した頃は，機械は24時間稼働できるはずだし，人間も交代すれば24時間労働できるはずだと考えて，フル稼働を前提にした標準を考えたことがありました。しかし，現実には，機械は故障しますし，人間も休憩を取らなければ働けませんから，あり得ない状態を標準にはできません。そこで現在，標準原価は，現実的に良好な状態のもとで，その達成が期待される原価のことをいいます。通常生ずると認められる程度の故障や失敗，機械の停止時間などの余裕を含む原価

で，比較的短期における経済条件の変化に応じて改定します。これを「現実的標準原価」といいます。

標準原価は，製品1単位を製造するためにかかる原価を集計することから始まります。それは標準消費量×標準価格で求めることができるものとできないものがあります。例えば，A製品1個を作るのに材料Xを10個必要とし，その価格が50円ならば，標準材料費は500円です。同じように，A製品1個を作るのに時給1,000円の工具が2時間働くと，標準労務費は2,000円となります。ところが，工場の固定資産税や火災保険料のような製造間接費は，一定額のものが多く，製品1単位を求めることができないものがあります。このような場合には，年間の製造間接費予算額に基づいて，標準配賦率×標準作業時間によって求めた標準配賦額を標準製造間接費とします。

---

標準直接材料費＝標準数量×標準単価

標準直接労務費＝標準賃率×標準作業時間

標準製造間接費＝標準配賦率×標準作業時間

---

## 12-4. 標準と実際との差異

標準原価と実際原価との差額を「原価差異」といいます。標準原価よりも実際原価の方が多ければ「不利差異（−）」，標準原価よりも実際原価の方が少なければ「有利差異（＋）」といいます。差異はなぜ生じたか，その原因を分析します。

---

原価差異＝標準原価−実際原価

---

① 直接材料費差異の分析

直接材料費（数量×単価）の標準値と実際値から差異を求めます。

|      | 単価   | 数量     |
| ---- | ---- | ------ |
| 標準   | 120円 | 1,000kg |
| 実際   | 140円 | 1,300kg |

直接材料費差異＝標準直接材料費－実際直接材料費
　　　　　　　＝1,000kg×120円－1,300kg×140円
　　　　　　　＝120,000円－182,000円＝－62,000円（不利差異）

直接材料費差異が，単価の差から生じた（価格差異）か数量の差から生じた（数量差異）かを分析してみましょう。下の図のようになります。

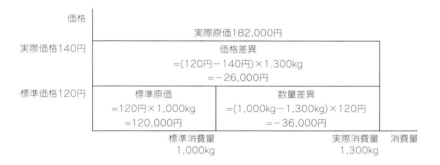

価格差異が生じる原因は，市場価格の予想以上の変動や，材料を購入する購買部門の予定した条件とは異なる条件での購買などがあります。また，数量差異が生じる原因は，規格外や品質不良の材料の使用，製品企画や生産方法の変更，作業員の能率の低下などがあります。この結果，価格差異は主に購買部門で，数量差異は製造部門で生じているので，その差異がどうして生じたかを調べて改善する責任があります。

② 直接労務費差異の分析

直接労務費（賃率×作業時間）の標準値と実際値から差異を求め

ます。

|  | 賃率 | 作業時間 |
|---|---|---|
| 標準 | 1,200 円 | 1,800 時間 |
| 実際 | 1,300 円 | 2,000 時間 |

$$直接労務費差異＝標準直接労務費－実際直接労務費$$
$$＝1,200 円×1,800 時間－1,300 円×2,000 時間$$
$$＝2,160,000 円－2,600,000 円$$
$$＝－440,000 円（不利差異）$$

　直接労務費差異が，賃率の差から生じた（賃率差異）か作業時間の差から生じた（作業時間差異）かを分析してみましょう。下の図のようになります。

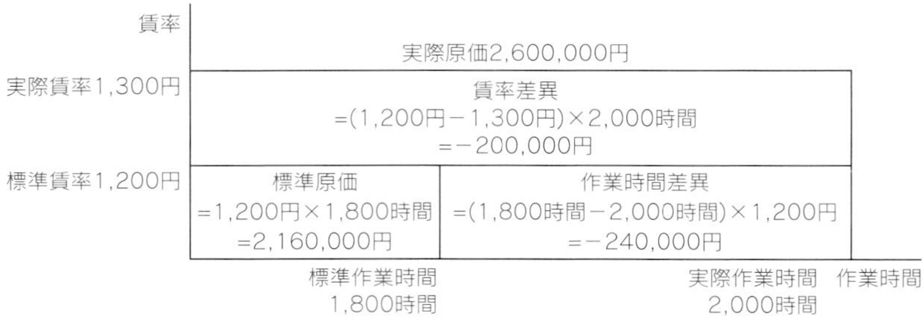

　賃率差異が生じる原因は，賃率水準の変動，予定した以外の作業員の使用，時間外など緊急の高い賃率の支払いなどがあります。作業時間差異が生じる原因は，作業能率の低下などがあります。この結果，賃率差異は主に人事部門や経営管理部門で，作業時間差異は製造部門で生じているので，その差異の原因を調べて改善する責任があります。

③　製造間接費差異の分析

　工場の固定資産税や火災保険料のような製造間接費は，一定額のものが多く，製品１単位を求めることができないものがあります。そこでこのような製造間接費では，年間の製造間接費予算額に基づいた配賦率と作業時間から標準製造間接費を求めます（標準製造間接費＝標準配賦率×標準作業時間）。製造間接費予算と実際発生額は以下です。

|  | 金額 | 作業時間 | 生産量 |
|---|---|---|---|
| 予算 | 2,000,000 円 | 2,500 時間 | 500 個 |
| 実際 | 2,200,000 円 | 2,300 時間 | 400 個 |

　まず標準配賦率は

$$標準配賦率＝製造間接費予算額÷基準操業度$$
$$＝2,000,000 円÷2,500 時間＝800 円$$

　この標準配賦率に標準作業時間をかけたものが標準製造間接費です。この標準作業時間を求めるために重要なのは，実際生産量です。なぜなら，実際の生産量に許容される作業時間が標準作業時間だからです。

$$標準作業時間＝2,500 時間÷500 個×400 個＝2,000 時間$$
$$標準製造間接費＝標準配賦率×標準作業時間$$
$$＝800 円×2,000 時間＝1,600,000 円$$

　予算では 2,500 時間をかけて 500 個生産する計画だったのですが，実際には 400 個しか生産できなかったので，2,000 時間（標準作業時間），1,600,000 円（標準原価）で生産できたはずだということ。

$$製造間接費差異 = 標準製造間接費 - 実際製造間接費$$
$$= 1,600,000 円 - 2,200,000 円$$
$$= -600,000 円(不利差異)$$

　この差異がなぜ生じたのか，製造間接費の予算を固定的（固定予算）と考えるか，固定的と変動的な部分（変動予算）に分けて考えるか，の2つの方法があります。固定的な製造間接費が多い企業は固定予算，変動費もある場合は変動予算で考えます。ここでは変動予算で考えてみましょう。

　変動費予算800,000円，固定費予算1,200,000円とします。したがって，標準配賦率（800円）も変動費と固定費に分けます。

$$変動費率 = 800,000 円 \div 2,500 時間 = 320 円$$
$$固定費率 = 1,200,000 円 \div 2,500 時間 = 480 円$$

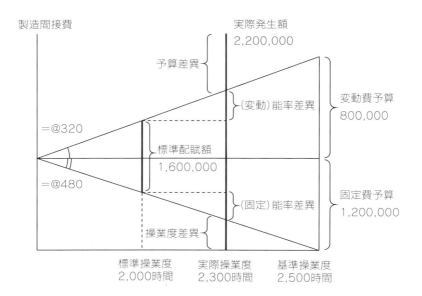

12 標準の原価 | 109

　製造間接費差異は，予算差異，能率差異，操業度差異の3つに分解できます。

①予算差異とは，製造間接費の実際発生額と予算額との差額で，不利（有利）差異は，補助材料，消耗品や電気・水道などの浪費（節約）によって生じます。

②能率差異とは，標準製造間接費と予算額との差額で，不利（有利）差異に，作業能率の低下（向上）によって生じます。変動費分と固定費分に分けて考える場合があります。

③操業度差異とは，予算に基づく操業度（基準操業度）と実際の操業度の差から生じる差異です。この場合，2,500時間稼働できる機械を2,300時間しか稼働しなかったのはもったいない，その分無駄にしたと考える差異で，主に需要が予想よりも少ない場合に生じます。

　この結果，予算差異と能率差異は製造部門で，操業度差異は経営管理部門や営業部門で生じているので，その差異の原因を調べて改善する責任があります。

| 予算差異 | ＝予算額−実際発生額<br>＝(320円×2,300h＋1,200,000円)−2,200,000円＝−264,000円 |
| 能率差異<br>（変動費） | ＝(標準作業時間−実際作業時間)×変動費率<br>＝(2,000h−2,300h)×320円＝−96,000円 |
| 能率差異<br>（固定費） | ＝(標準作業時間−実際作業時間)×固定費率<br>＝(2,000h−2,300h)×480円＝−144,000円 |
| 操業度差異 | ＝(実際作業時間−基準作業時間)×固定比率<br>＝(2,300h−2,500h)×480円＝−96,000円 |

## 12-5. 標準原価計算の特徴と限界

　1930年代以降，標準原価計算は，製造業における現場作業員の能率向上に貢献しました。特に，大量生産では生産が標準化されるので，効率を高めることが容易だからです。多くの労働者が同じも

のを作る産業では効果があります。しかし，1970年代以降，設備の大型化，自動化によって多品種少量生産が可能になり，製品に占める製造間接費の割合が増大しました。製造間接費予算は作業時間などの操業度（生産量）の増減を反映しますが，多品種少量生産では製品の種類に関連して発生するサポートやソフトの原価が大きいので，操業度で管理することが難しくなりました。また，激しいビジネス環境のもとでは，製品が製造中止になったり，コスト低下のために生産拠点や組織の変更が頻繁に行われたり，製品のライフサイクル（寿命）が短くなると，標準の設定は難しくなります。工場の機械化・自動化が進み，労働者が少なくなると，直接労務費分析による能率管理の必要性は低下します。また，直接材料費の有利差異を工場管理者の業績評価に使うと，管理者は品質を下げても安い材料を使うかもしれませんし，直接労務費の有利差異では，雑な作業で時間を短くしたりすることが起こるかもしれません。このように有利差異は，品質低下を招く可能性があります。

---

### ⚠ 第 12 章のまとめ

□　標準原価計算は，20世紀が生んだ少品種大量生産のための画期的な管理会計技法。

□　標準と実際との差異がどこでなぜ生じたかを調べて改善することでコストダウンを図る。

---

参考文献

櫻井通晴『管理会計』第6版，同文館出版，2015年。

## ケース：活動の原価

# スマホで庫内作業に革命
## （物流インサイドリポート）

　庫内作業の携帯端末にスマートフォン（スマホ）を使う現場が増えている。既存の業務用ハンディターミナルは１台20万円前後する。人数分そろえようとすれば初期投資がかさむため，特定の作業だけに使う共有ツールとして運用するほかなかった。導入の目的はミスの防止であり，コスト削減効果は限定的だった。しかし，１台１万円を切る格安スマホの登場で"１人１台"が現実的になった。作業員の全ての活動をデータで捕捉する環境が整った。IoTによって見える化が実現し，庫内作業の生産性革命が始まっている。

　生産ラインと違って物流現場は注文ごとに作業内容が違う。アナログ業務が中心で移動距離は長い。そのため「いつ，どこで，誰が，何を，なぜ，どのように」作業しているのかを把握するのが難しかった。

　「物流ABC（Activity Based Costing)＝活動基準原価計算」も容易になる。庫内作業を活動単位に分解してそれぞれの標準作業時間を測定，人件費から単価を計算し，コスト構造を把握する管理会計のテクニックだ。無駄の発見や改善策の検討に大きな効果を発揮することが証明されていながらも，作業の測定と記録に手間がかかり過ぎるため，普及が進んでいなかった。スマホが使えればハードルはぐっと下がる。

　物流ABCを実施すると物流サービスのメニュープライシングが可能になる。注文別・顧客別の採算も明らかになる。注文ロットや納品条件によるコストの違いを取引価格に反映することで，合理性を欠いた商慣習や顧客のイレギュラーな要望に振り回されるのを抑制できる。スマホのハードとしての堅ろう性やオペレーションシステムのバージョンアップへの対応など技術的な課題もあるが，この流れは止まらない。　　　　2017/04/07　日経MJ（流通新聞）

# **13** 活動の原価

## 13-1. 伝統的な原価計算

　活動の原価を求める計算を「活動基準原価計算（Activity Based Costing：ABC）」といいます。活動基準原価計算は，20世紀末に生まれた製造間接費の新しい配賦方法です。製造間接費は，製品の一部であることがわからない原価で，塗料，油や工具などの間接材料費，工場の事務員の賃金などの間接労務費，減価償却費や保険料などの間接経費があります。ある製品に占める製造間接費を「正確に」計算することは難しいので，伝統的な原価計算では，直接費や作業時間などに合わせて製造間接費を製品に配分してきました。この配分のことを「配賦」といいます。製造間接費を正確に配賦する方法として，活動基準原価計算が考案されました。ここではまず伝統的な配賦方法から説明しましょう。

　菊池パンは，食パンとフランスパンだけを作って販売する小さなパン屋です。経営者とアルバイト1人が働いています。製造間接費は，店舗と設備の減価償却費，アルバイト代，調理器具などで月間30万円かかります。月間のデータは以下です。

|  | 食パン | フランスパン |
|---|---|---|
| 製造数量 | 3,000個 | 600個 |
| 調理時間 | 120時間 | 30時間 |

　伝統的な原価計算では，製造間接費を，直接作業時間や機械稼働時間などの生産量に応じて増える操業度を基準として製品に配賦します。この店では調理時間を配賦基準として，食パンとフランスパンに配賦します。

製造間接費の配賦率＝300,000 円÷（120 時間＋30 時間）

$$＝2,000 円／時間$$

食パンの製造間接費＝2,000 円／時間×120 時間＝240,000 円

食パンの 1 個当たり製造間接費＝240,000 円÷3,000 個＝80 円

フランスパンの製造間接費＝2,000 円／時間×30 時間＝60,000 円

フランスパンの 1 個当たり製造間接費＝60,000 円÷600 個

$$＝100 円$$

このように伝統的な原価計算では，製造間接費を「1 つにまとめて」から直接作業時間などの操業度を基準として配賦します。

## 13-2. 活動基準原価計算とは

活動基準原価計算では，製造間接費を 1 つにまとめないで，それぞれの製造間接費に関連のある基準を用いて計算します。活動基準原価計算では，活動によってコストは発生すると考えます。例えば，通信費は「電話する」という活動によって発生します。そこで電話するという活動にかかる間接費を集計して通信費を計算し，製品の材料を注文した電話の回数を調べ，その注文回数を基準として通信費を各製品に配賦します。

先の菊池パンの活動は，小麦粉などの資材の調達，材料を混ぜてこねる仕込み，パン生地をオーブンで焼く，の 3 つの活動だけだとします。活動ごとに製造間接費を集計した結果とその配賦基準は以下です。

| 活動 | 調達 | 仕込み | 焼く |
|---|---|---|---|
| 製造間接費<br>配賦基準 | 100,000 円<br>発注回数 | 100,000 円<br>直接作業時間 | 100,000 円<br>オーブン稼働時間 |
| 食パン<br>フランスパン | 2 回<br>8 回 | 120 時間<br>30 時間 | 50 時間<br>50 時間 |
| 計 | 10 回 | 150 時間 | 100 時間 |

〈調達活動〉

$$食パンの製造間接費 = 100,000 円 \times \frac{2 回}{10 回} = 20,000 円$$

$$フランスパンの製造間接費 = 100,000 円 \times \frac{8 回}{10 回} = 80,000 円$$

〈仕込み活動〉

$$食パンの製造間接費 = 100,000 円 \times \frac{120 時間}{150 時間} = 80,000 円$$

$$フランスパンの製造間接費 = 100,000 円 \times \frac{30 時間}{150 時間} = 20,000 円$$

〈焼く活動〉

$$食パンの製造間接費 = 100,000 円 \times \frac{50 時間}{100 時間} = 50,000 円$$

$$フランスパンの製造間接費 = 100,000 円 \times \frac{50 時間}{100 時間} = 50,000 円$$

活動ごとの製造間接費

| 活動 | 調達 | 仕込み | 焼く | 合計 |
|---|---|---|---|---|
| 食パン | 20,000 円 | 80,000 円 | 50,000 円 | 150,000 円 |
| フランスパン | 80,000 円 | 20,000 円 | 50,000 円 | 150,000 円 |

$$食パンの 1 個当たり製造間接費 = 150,000 円 \div 3,000 個 = 50 円$$
$$フランスパンの 1 個当たり製造間接費 = 150,000 円 \div 600 個$$
$$= 250 円$$

　このように活動基準原価計算では，製造間接費を活動ごとに集計してから，「コストドライバー」という基準で各製品に配賦します。「調達」では発注回数，「仕込み」では直接作業時間，「焼く」ではオーブン稼働時間をコストドライバーとしています。

## 13-3. 伝統的な原価計算と活動基準原価計算の比較

### 1 個当たりの製造間接費

| 活動 | 伝統的原価計算 | 活動基準原価計算 |
|---|---|---|
| 食パン | 80 円 | 50 円 |
| フランスパン | 100 円 | 250 円 |

　食パンの製造間接費は，伝統的な原価計算よりも活動基準原価計算の方が安くなり，フランスパンは逆に高くなっています。これは，伝統的な原価計算では調理の直接作業時間だけを基準としていましたが，活動基準原価計算ではその他に，調達活動による発注回数と焼くという活動によるオーブン稼働時間という活動を加えたからです。フランスパンは，調達活動の費用が多くかかっていることが計算に表れています。

　伝統的な原価計算では，生産量によって増える操業度を配賦基準としています。この基準では生産量が多いほど，また直接作業時間が長い製品ほど，多くの製造間接費を負担することになります。顧客ニーズが多様化するにともなって，少品種大量生産から多品種少量生産に変わりつつある工場では，製品の生産のロットサイズが小さくなり，製品の取替えにかかる準備・後片付けといった段取活動などの直接作業時間では測れない手間が増えました。菊池パンの例からもわかるように，伝統的な原価計算では，少量生産品（フランスパン）のような手間のかかる製品には少ない製造間接費しか配賦されず，大量生産品（食パン）には多くの製造間接費が配賦されます。

　多品種少量生産に対応するために AI やロボットなどの高額の生産システムが導入され，製造間接費の割合が増え，配賦の正確性が一段と重要になっています。伝統的な原価計算のように製造間接費をまとめて 1 つの基準で配賦するよりも，活動基準原価計算のように製造間接費を活動ごとに集めて，それぞれの基準（コストドライ

バー）で配賦した方が，正確な原価を求めることができます。

## 13-4. 活動基準原価管理

　活動基準原価管理（Activity Based Management：ABM）は，活動基準原価計算から得られた情報を利用し，原価低減などの原価改善を目的として，業務やプロセスの改善を行うものです。ABM は，3 つのステップで行います。

　第 1 のステップは「活動分析」です。活動分析は，「1 つの活動を，何人で，どれくらいの時間をかけて行っているか」を細かく調べることで，「付加価値活動」と「非付加価値活動」を区別して，「ムダ」を発見することが目的です。ここでいう価値は「顧客に対する価値」，顧客の満足度が増すかということです。加工工程では明らかに製品に価値が付加されていますので付加価値活動ですが，製品の保管，整理や検査，手待ち時間などは非付加価値活動です。この非付加価値活動を見つけるために行うのが活動分析です。例えば，菊池パンの調達活動を詳しく調べると，月 50 時間かかっていますが，内訳は，食材の在庫確認に 30 時間，発注に 5 時間，納品の点検に 15 時間です。

　第 2 のステップは，非付加価値活動（ムダ）の発生原因を見つけ出して改善することです。菊池パンでは，在庫確認の方法と発注方式に無駄があることがわかりました。そこで，在庫確認の回数を変更して 10 時間，発注方式の変更で 2 時間短縮できることがわかりました。ムダの改善ができれば，合計 12 時間分の製造間接費が節約になります。このように非付加価値活動については，ムダの削減，プロセスの見直し，付加価値活動は一層効率的に行うことで，業務の改善を行います。活動に注目して細かくコストドライバーを分析するほど，非付加価値活動によるムダの改善が可能になります。

　第 3 のステップは，削減する非付加価値活動を金額で測定するこ

とです。菊池パンの場合，調達活動はほとんどが人件費ですので，時間当たりの人件費×12時間分が削減の効果です。

以上のように活動基準原価計算とABMは，「活動」に注目して製造間接費の正確な計算とムダの排除を行うものですが，詳しくデータを取る必要があり，そのための時間と労力がかかります。

### 13-5. 活動基準予算管理

ABMによる情報に基づいて，予算を管理する方法を「活動基準予算管理」（Activity Based Budgeting：ABB）といいます。伝統的な予算編成では，部門責任者からの要求を積み重ねて，トップとの調整を経て予算が編成されています。業務活動が一定期間行われると，予算をどの程度実行できたかを明らかにする必要があります。これが「予算差異分析」です。予算に対して実績を測定して比較し，差異がなぜ生じたかを分析します（11.予算管理を参照してください）。予算差異分析は，予算と実際発生額との差異分析ですが，実際発生額の中に無駄があったかどうかはわかりません。

ABBは予算編成の段階から，活動基準原価計算やABMの考え方を取り入れようとするものです。一般に，予算は利益計画に基づいて編成され，目標利益や目標売上が決定すると，それに伴って生産計画や販売計画を立てます。ABBでは，製品の生産計画から必要な活動量を求めて予算を立てます。上の菊池パンの例で考えれば，生産計画から必要な調達活動の時間を求め，これに時間当たり

の人件費をかけて活動予算を立てます。ABM による非付加価値活動の排除を前提として予算が策定されるので，効率的な予算が編成されます。ムダのない活動別の予算ですから経営の効率化は達成されますが，効率性のみを追求してしまうことにもなるので，予算を達成するために製品の品質低下や従業員のモラールの低下をもたらすことが懸念されます。

### 13-6. 活動基準原価計算の採用と問題

　活動基準原価計算は現在，多くの大企業で採用されています。正確な製品原価の算定，予算編成・予算管理，原価改善，非付加価値活動分析など多くのメリットがありますが，問題もあります。コストドライバーを多くするほど正確な分析ができますが，計算は複雑になりますし，データの収集には多くの時間，労力と費用がかかるので，企業の中には活動基準原価計算の採用をためらうことがあります。

　最近では，製造間接費などの固定費の割合が多いサービス業，特に銀行，ホテルでは活動基準原価計算を採用する企業が増えています。

---

⚠ **第 13 章のまとめ**

- □ 「活動」を尺度とした新しい原価計算。
- □ ムダな活動を減らすことでコストダウンを図る。
- □ ムダの無い予算を立てる。

---

参考文献

櫻井通晴『管理会計』第 6 版，同文館出版，2015 年。

## ケース： 在庫の管理

# ネット商品，店員が目利き，パルコ，衣料品通販，売れ筋，ブログで素早く紹介

パルコは今秋から，入居テナント100店で働く店員約500人がえりすぐった衣料や雑貨を販売するインターネット通販を始める。それぞれの店員が商品選定から在庫管理，出荷まで手掛け，販売実績は店員の成果として報酬に反映する。売れ筋の変化などを迅速に伝えられる販売現場の強みを生かし，実店舗とネットを融合した新サービスで顧客拡大を狙う。

パルコが始める電子商取引（EC）は，専門家が商品を選別し，提案する「キュレーションEC」と呼ぶサービス。検索履歴を基にコンピューターがお薦め商品を提示するネット通販に比べ，流行に敏感な目利き役が提案するため，消費者も納得して購入しやすい。

新サービスでは店員が目利き役となる。販売最前線に立つ店員ならではの感性を生かし，寒暖など気候の変化や地域特性による売れ筋の変化をリアルタイムに伝えて，商品を販売できるためだ。ブログを通じて消費者と情報をやり取りし，アマゾン・ドット・コムのような大手通販サイトにはない接客サービスで対抗する。

新機能はスタートトゥデイが個人事業者向けに開発した簡易ECサイト作成アプリを使う。店員は人気が出そうなシャツやスカート，靴などを選び，着用するなどしてスマートフォン（スマホ）で撮影。商品の特徴などのコメントや価格，店舗在庫数を入力して投稿する。

衣料品のネット通販は専門の事業部が手がけることが大半で，各地の実店舗の店員が一貫して担うケースは珍しい。新サービスはネットで売れれば店員の営業成績と見なされるため，モチベーション向上につながるとみている。（略）

2014/06/13　日本経済新聞

# 14 在庫の管理

## 14-1. 在庫管理の重要性

　在庫とは，企業が販売するために仕入れた商品や，生産するために購入した材料や部品，工程と工程の間にある半製品，仕掛品，倉庫にある製品などのことをいいます。小売業では，仕入れた商品が売れるまでは倉庫に在庫として保管しますが，製造業ではいたるところに在庫があります。下の簡単な例で説明しましょう。工場では材料や部品をサプライヤー（納入業者）に注文し，工場に納品されると倉庫に保管しますが，これが材料や部品の在庫です。材料や部品を加工工程に搬送して加工すると，次の組立工程に搬送するまでは仕掛品（未完成品）という在庫（仕掛在庫）になり，仕掛品を組立工程で組み立てて製品（完成品）になると，販売するまで倉庫に製品在庫として保管します。そして各場所での在庫すべてを適正に管理することを「在庫管理」といいます。

　在庫管理の第1の目的は「在庫不足の防止」です。在庫管理が不十分だと，どの材料や部品がいくつ在庫として保管されているか確実な数量が把握できないので，適切な数を発注できなくなります。その結果，在庫が不足した場合は，顧客が注文した数量の製品生産・販売ができないので「販売機会の損失」となり，利益を得ることができません。売上げを最大化するには，顧客ニーズに答えるだ

けの在庫がなければなりません。

第2の目的は「過剰在庫の防止」です。適切な数の材料や部品の発注ができないと，在庫が過剰になることもあります。必要以上に在庫を増やすことは，倉庫の在庫置場を過剰に取り，他の材料などの在庫置場を圧迫し，保管費用が増えます。また，在庫の品質を維持する費用がかかったり，長期間の保管によって品質が低下し販売できなくなる可能性もあります。製品が販売できなくなると，その製品の材料や部品のコストや加工費などがすべて損失となります。

このように，在庫が不足すると，注文を受けたときに製品を売ることができないので，売上げを得ることはできません。また，在庫が過剰な場合も，品質を維持するための費用や保管費用といったコストの増加を招きます。

さらに材料に関して言えば，在庫の量を少なくしようとして1回に発注する量を減らすと，発注回数が増えて，発注に伴う通信費，人件費や検品作業などの発注費用も増えます。逆に，発注費用を抑えようとして1回の発注量を多くすると，在庫保管費用が増えます。このように適切に在庫管理を行っていくのは難しいのです。

## 14-2. 生産の形態と在庫

なぜ，在庫は発生するのでしょうか。販売する数量がわかっていれば，その分だけ作ればいいのですから在庫は発生しません。売れる数量がわからないので，作り置きしておくと売れ残りができます。これが在庫です。

造船や航空機のような製品は「個別受注生産」といいます。個別に注文を受けてから設計，材料や部品の購入，加工，組み立て検査をして製品にしていきます。途中の仕掛品は，上流工程（前工程）が完了してから下流工程（後工程）へ送られます。このように上流工程が製造した仕掛品や半製品を下流工程に引き渡して「次にこれ

を加工してください」という方式を「プッシュ型生産」といいます。当然プッシュ型生産では，顧客の注文から製品の引き渡しまでの時間（リードタイム）は長くなりますが，製品在庫はゼロになります。

　一方，自動車，家電や衣料などの製品は「見込み生産」といいます。製品の需要を予測して生産計画を立て，それに従って材料や部品を調達しておき，注文が入ると加工・組み立てて製品として出荷します。製品や仕掛在庫を基準数量だけ準備しておいて，注文が入ると部品や仕掛品を組み立てて引き渡し，その使用した分だけ部品や仕掛品を前工程から取ってくる方式を「プル型生産」といいます。この生産方式ではリードタイムが短かくなりますが，部品や仕掛在庫を用意しているので，需要予測が外れると在庫を抱えることになります。

　一般的な見込み生産では，まず需要予測と生産計画に基づき材料や部品を発注します。このとき，1回当たりの発注量（ロットサイズ）を大きくして，1個当たりの発注コストを安くします。納入された材料や部品は加工部門などで加工されますが，加工ロットサイズを大きくして段取（準備や運搬など）の回数を少なくすることで，機械の稼働効率の良い生産を目指します。次に組立部門では，生産計画に従って生産した製品を，出庫エリアへ在庫として搬入します。ここでも段取回数を最小にして，効率のいい生産を目指します。そして，注文に応じて製品を出庫販売します。

　この一連の流れの中心は，初めの「需要の予測」にあります。需要の予測が大きく外れると，大きいロットサイズや大量生産によって，大量に仕掛在庫や製品在庫が発生してしまいます。戦後の日本の高度経済成長期は「作れば売れる」時代でしたので，「少品種大量生産」の見込み生産が適していたのですが，消費者の需要が多様化し，製品のライフサイクルが短くなり「多品種少量生産」になる

と，この方式では過剰在庫が発生する可能性が出てきます。

在庫の問題は，製造業の工場だけではありません。老舗のうなぎ屋は，顧客が来てからうなぎを割いて焼くので，リードタイムは長いのですが，その分在庫はありません。一方，普通のうなぎ屋は，顧客数をあらかじめ予測して，うなぎを割いて素焼きして冷凍しておき，顧客が来るとたれをつけて焼いてうなぎを出すという方式ですから，リードタイムは短いのですが，在庫が生じる可能性があります。

### 14-3. 経済的発注量

以前から，ある程度の在庫の存在を前提として，在庫管理コストを最小化するための方法が考えられてきました。1915年ハリス（F. W. Harris）は，経済的発注量（Economic Order Quantity：EOQ）という在庫管理費用を最小にする方法を考案しました。

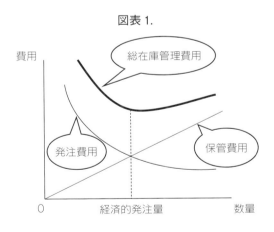

図表 1.

総在庫管理費用は，発注費用と保管費用の合計額で表します。

$$総在庫管理費用 = 発注費用 + 保管費用$$

発注費用は，1回の発注量を増やすと発注回数は減ります。逆に

1回の発注量を減らすと発注回数が増えます。また、保管費用は在庫量に比例して増えると考えられます。図表1.のように総在庫管理費用が最小になる発注量は、発注費用と保管費用が等しくなるときとなります。

年間発注費用は、年間発注回数×1回当たりの発注費用、年間保管費用は、年間平均在庫量×1個当たり保管費用で表されます。そこで、

年間需要量：D
1回当たり発注量：Q
1回当たり発注費用：O
1個当たり年間保管費用：C　　とすると、

$$年間発注回数 = \frac{年間需要量\,D}{1回当たり発注量\,Q}$$

$$年間発注費用 = 年間発注回数\frac{D}{Q} \times 1回当たり発注費用\,O = \frac{D \cdot O}{Q}$$

$$年間平均在庫量 = \frac{1回当たり発注量\,Q}{2}$$

$$年間保管費用 = 年間平均在庫量\frac{Q}{2} \times 1個当たり年間保管費用\,C$$
$$= \frac{Q \cdot C}{2}$$

と表すことができるので、在庫管理費用を最小にする発注量は以下のように求めることができます。

$$年間発注費用 = 年間保管費用$$

$$\frac{D \cdot O}{Q} = \frac{Q \cdot C}{2}$$

$$2DO = Q^2C$$

$$\frac{2DO}{C} = Q^2$$

$$Q = \sqrt{\frac{2DO}{C}}$$

$$経済的発注量 = \sqrt{\frac{2 \times 年間需要量 \times 1回当たり発注費用}{1個当たり年間保管費用}}$$

となります。

年間需要量：D = 1,000,000 個，1回当たり発注費用：O = 1,000 円，
1個当たり年間保管費用：C = 20 円　とすると

$$経済的発注量\ Q = \sqrt{\frac{2 \times 1,000,000 \times 1,000}{20}} = 10,000$$

1回あたりの発注量は 10,000 個と求められます。したがって，

$$年間発注費用 = \frac{1,000,000 \times 1,000}{10,000} = 100,000$$

$$年間保管費用 = \frac{10,000 \times 20}{2} = 100,000$$

$$年間在庫管理費用 = 100,000 + 100,000 = 200,000\quad となります。$$

　この経済的発注量モデルの基本的な考え方は，製造・販売活動には適正な在庫が必要だということです。つまり突然の計画変更などの事態に対して在庫がゼロだと，生産販売活動がストップしてしまうので，ある程度の在庫を維持すべきであると考えます。

## 14-4.　トヨタのカンバン方式

　経済的発注量という考え方は，ある程度の在庫を前提としていま

す。これに対して，トヨタの「カンバン方式」の基本的な考え方は，在庫を持つことはまったくのムダであり損失であるという点です。この方式では，製造上必要とされる材料や部品は，工程内に設けられた看板の指示により，指定した時点に指定量が指定された場所に搬入されます。異なる工程が同じタイミングで生産することを「同期化する」といいますが，上流工程（前工程）は下流工程（後工程）が消費した分だけ補充する形で，すべての工程が同期化されているので，材料や部品の在庫，仕掛在庫はほとんどありません。この「必要なものを，必要な時に，必要なだけ」という考え方を「Just-in-time」といいます。自動車産業は基本的に見込み生産方式であり，需要によっては過剰在庫を生む可能性がありますが，トヨタが考案した「カンバン方式」では，以下で説明する「平準化」「ロットサイズの最小化」「セル生産」などの工夫によって，「プル型生産」の利点を活かして在庫ゼロを目指します。

　「生産の平準化」とは，ラインで同一車種の生産をするのではなく，異なる色，仕様や車種を同じ作業時間で一列に並べて生産することで，部品の製造が特定の車種に偏らないようにして，需要の変動を最小限にとどめるように工夫します。ラインでは車が1台ずつ「1個流し」で生産されることで，「ロットサイズを最小化」し，リードタイムを短くして，工程間の仕掛在庫の発生を極力抑えます。通常，ロットサイズを小さくすると，発注回数や段取り回数が増えてコストがかかりますが，トヨタでは段取時間を短縮する努力を，70年間も継続的に行っています。例えば，プレス工程の段取時間は，終戦直後は3時間だったものが，現在では3分です。組立工程では，1人から数人の作業員が部品の取付けから組立て，加工，検査までの全工程（1人が多工程）を担当する「セル生産方式」で行われます。通常のライン生産方式では，ライン上のどこかの工程の生産性や品質が低いと，そのボトルネック（障害）の影響を受けて，

他工程の生産能力が低下することがあります。しかし、セル生産では、あるセルが停止したり不良品を出しても、ほかのセルは独立して稼働しているので影響は少なくなります。また、製品の変更も作業員の作業順序を変えるだけで容易にできますし、生産量の調整もセル内の人数やセル数の増減によって対処できるので、多品種少量生産に対応することができます。そのためには、従業員が熟練した技能をそなえて作業効率を高めることが必要です。このように1人でさまざまな仕事をすることを「多能工」といい、多能工を育成することが大切になります。

> ⚠ 第14章のまとめ
> ☐ 生産方式によって在庫の発生は異なる。在庫はなるべく少なくする。
> ☐ トヨタのカンバン方式は、プル生産で在庫ゼロを目指す工夫と努力の結晶。

参考文献

熊澤光正「トヨタ生産方式における生産管理の基礎」『四日市大学論集』第30巻第4号、2018年。

**ケース：　環境のための管理会計**

# 環境対策・コスト削減両立の会計，
# 長野県，中小の導入後押し

　長野県が県内中小企業を対象に環境負荷低減とコスト削減の両立を目指す手法，マテリアルフローコスト会計（MFCA）の導入後押しを本格化する。2010年度は企業に専門家やコンサルタントを派遣するほか，MFCA のセミナーを初めて企画する。09 年度に導入した県内企業が成果を上げており，導入の拡大で県内企業の競争力を強化する。県は 09 年度から県工業技術総合センター環境・情報技術部門（松本市）で MFCA の普及事業を開始。センターの支援で配電盤メーカーの日新電機製作所（長野市，平塚恵一社長）など 3 社が同年度中に導入，一定の成果を出したことから，取り組みを本格化する。

　4 月 21 日から 5 月末まで，MFCA 導入に関心のある企業から，専門家らの派遣を受け付ける。またセミナーを 3 カ所程度で予定，3 社の実績を示し広く導入を促す。

　3 社の 1 つ，メッキ加工の駒ケ根電化（駒ケ根市，山下善広社長）は，亜鉛メッキラインを対象に MFCA を導入したところ，地下水と電力，光沢剤の使用量を各 4 割削減した。灯油や他の薬品使用量も減り月額 50 万円のコストを削減した。山下政隆専務は「環境に配慮する企業として，顧客や地域の評価も高まる」という。

　MFCA は大手メーカーで導入が進む。県工業技術総合センターは「中小企業も環境対策とコスト削減の必要性が高まっている」（北沢俊二・環境技術部長）と新手法の有効性を説いている。（略）　　　　　2010/04/15　日本経済新聞

## 15 環境のための管理会計

### 15-1. 環境会計

　南極の氷がどんどん解けています。地球は世界規模で二酸化炭素の排出量が増加し，温暖化しています。この問題に日本でも環境の保護が大切な課題となり，環境基本法や自然環境保全法が制定され，家電・食品・自動車などのリサイクル法，廃棄物処理法や環境保全のための法律が定められています。企業はこれらの法律を守ることは当然ですが，より積極的に環境問題に取り組んでいます。当初，環境に対する汚染物質や環境負荷物質の排出の情報公開から始まったのですが，しだいに環境設備や保全活動の費用とその効果へと発展していきました。

　企業が持続可能な発展を目指して，環境保全への取り組みを効果的に行うためには，企業活動における環境保全のためのコストとその効果を，金額や物量によって測定する仕組みが必要です。これを「環境会計」といい，環境財務会計と環境管理会計に分けることができます。

　環境財務会計は，環境情報を企業外部に公表することを目的としています。企業がどれだけ環境対策に費用をかけているかという情報を，企業の環境対策に関心のある人，株主，従業員，地域住民などに公開することです。通常の「財務会計」では環境情報の扱いには限界がありましたが，「環境報告書」「企業の社会的責任報告書」そして「統合報告書」へと発展しています。これらの報告書では，企業が環境に関する法令を遵守したうえで，環境保全設備の導入，廃棄物処理費用など環境に対する費用とその効果を定量的に測定し

て，公表しています。

　一方，環境管理会計は，環境情報を企業内部で利用することを目的としています。経営の効率化や製品開発などの意思決定に環境情報を利用し，利益に結びつけています。ここでは，①材料のロスに注目したマテリアルフロー・コスト会計，②サプライチェーンにおける環境問題，③製品の寿命全体でコスト削減を図るライフサイクル・コストについて考えてみましょう（環境配慮型製品の開発については，4.企業の社会的責任を参照してください）。

## 15-2. マテリアルフロー・コスト会計

　マテリアルフロー・コスト会計（Material Flow Cost Accounting：MFCA）は，経営者の意思決定に用いることで，環境負荷の低減とコスト削減の両立を達成することを目的とする管理会計技法の1つです。マテリアルフロー・コスト会計は，マテリアル（材料）のフロー（流れ）に着目します。下の図表1.は，左の素材がプレスされて右に流れていく様子を示しています。四角い素材をプレス加工して丸く打ち抜きました。そのため，外枠の20%の素材が無駄になり廃棄されています。

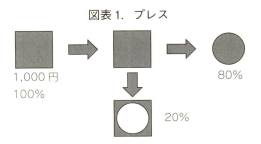

図表1. プレス

　伝統的な原価計算では，製品の原価はかかった費用すべての合計ですので，20%がムダになり80%が製品となったとしても，素材費は1,000円となります。これは製品の販売価格から，製造するた

めにかかったすべての費用を差し引いて利益を計算することが目的だからです。一方，マテリアルフロー・コスト会計では，2つの製品を作っていると考えます。販売できる「正の製品」と，製造過程で発生する廃棄物などの「負の製品」です。

伝統的な原価計算：製品原価＝1,000円
マテリアルフロー・コスト会計：正の製品コスト＝800円
負の製品コスト＝200円

特に重要なのは，負の製品コストです。負の製品コストは，経済的に価値の無い部分に材料費・人件費などをかけエネルギーを使って廃棄した金額のことですから，このコストが大きいほど，改善すれば大きな利益を生むことになります。

最近，マテリアルフロー・コスト会計を導入する企業が増加しています。廃棄物の発生量を削減することによって材料の投入量を削減し，加工業務や廃棄物処理業務の効率化を通じて製造コスト全体の原価低減を実現し，環境負荷の低減活動になるからです。

マテリアルフロー・コスト会計では，材料を詳しく調べて，どれだけ無駄になったかを物量的に測定します。その場合，インプット

図表2. マテリアルフロー・コスト

| input：投入材料 | | output：廃棄物 | | output：製品 | |
|---|---|---|---|---|---|
| 主な原材料 | 物量 (ton) | 負の製品 | 物量 (ton) | 正の製品 | 物量 (ton) |
| 鉄鋼材料<br>アルミ材料<br>化学材料 | 23,450<br>6,780<br>900 | 産業廃棄物<br>再資源化物 | 4,320<br>7,650 | | |
| 合計 (ton) | 31,130 | | 11,970 | | 19,160 |
| 物量比率 | 100% | | 38.50% | | 61.50% |
| 投入した材料費 | | 負の製品の材料費 | | 正の製品の材料費 | |
| 合計（百万円） | 50,000 | | 19,226 | | 30,774 |

出所：経済産業省（2009）より作成。

の物量とアウトプットの物量が等しくなると考えて，インプットされた材料がどの工程でどれだけロスとなったかを，工程ごとに物量と金額で測定します。その結果，「負の製品コスト」が明確になります。

マテリアルフロー・コスト会計は，コストをマテリアルコスト（材料費だけでなく洗浄剤や溶剤も含む），システムコスト（労務費や減価償却費などの加工費），エネルギーコスト（加工中の電力費や燃料費），廃棄物処理コスト（排気・廃液処理費用や外部処理委託費用）に分類して集計します。日東電工は，両面テープ，フィルムやシールのメーカーで，化学薬品をたくさん使用し製品を製造します。そこで工程ごとの原料廃棄物や使用エネルギー，システムコスト（材料と廃棄物処理以外の加工費）を計算して，ロスを減らし生産性を高めています。塗工・加温，原反（在庫），切断などの各工程間で生じる正と負のマテリアルコスト，システムコスト，廃棄物処理コストをそれぞれ物量と金額で測定し，工程改善につなげるとともに，廃棄物を減らすことで二酸化炭素削減にもつながりました（図表3.4）。

経済産業省（2009）によると，負の製品コストの生産形態別の特徴は，新技術分野と多品種少量生産で特に負の製品コストが大きいこと，標準原価計算ではマテリアルロスが見えないこと，製品別のロスの比較が可能になることや負の製品コストゼロを理想の目標とすること，などが明らかになりました。

### 図表3. マテリアルフローコスト・

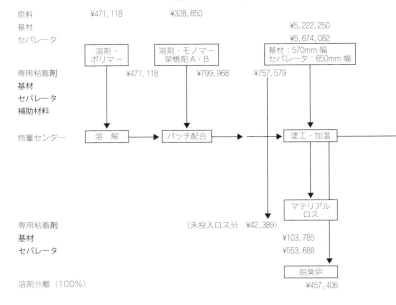

出所：経済産業省（2009）p.103。

### 図表4. フローコスト

| 物量センター | 溶解 | バッチ配合 | 塗工・加温 |
|---|---|---|---|
| 投入 | | | |
| マテリアルコスト | ¥471,118 | ¥328,850 | ¥10,896,332 |
| システムコスト | ¥67,658 | ¥133,200 | ¥2,122,498 |
| 用役関連コスト | ¥12,950 | ¥1,781 | ¥487,581 |
| 小計 | ¥551,726 | ¥463,831 | ¥13,506,411 |
| 負の製品 | | | | |
| マテリアルコスト | ¥0 | ¥0 | ¥42,389 | ¥1,114,879 |
| システムコスト | ¥0 | ¥0 | ¥10,643 | ¥133,453 |
| 用役関連コスト | ¥0 | ¥0 | ¥781 | ¥30,657 |
| 廃棄物処理コスト | ¥0 | ¥0 | ¥37,833 | ¥38,057 |
| 小計 | ¥0 | ¥0 | ¥91,646 | ¥1,317,046 |

| | マテリアルコスト | システムコスト | 廃棄物処理コスト | 小計 |
|---|---|---|---|---|
| 正の製品 | ¥12,381,909 | ¥3,580,726 | ¥0 | ¥15,962,635 |
| 負の製品 | ¥5,791,268 | ¥599,492 | ¥395,132 | ¥6,785,892 |
| 小計 | ¥18,173,177 | ¥4,180,218 | ¥395,132 | ¥22,748,527 |

負の製品コスト率　　29.8%（総コストに占めるロス総額の比率）
切断ロスコスト率　　23.6%（総コストに占める「切断」ロス総額の比率）
切断ロス率　　　　　79.2%（ロス総額に占める「切断」ロス総額の比率）

出所：経済産業省（2009）p.106。

15 環境のための管理会計 | 135

## フローチャート（日東電工）

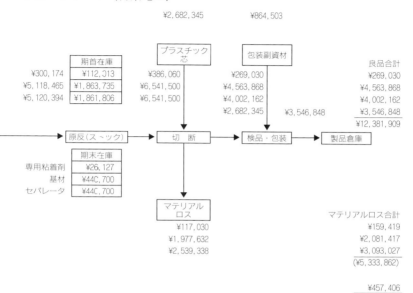

## マトリックス（日東電工）

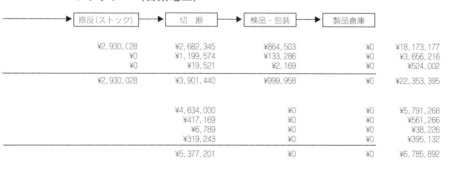

物量センター「原反（ストック）」のマテリアル投入分があるのは，今期の期末在庫量が期首在庫量より小さいので，その差額分が今期の投入分と考えられたからである。

## 15-3. サプライチェーンと環境

サプライチェーンとは，製品の原材料が調達され生産されてから，消費者に届くまでの一連の流れ全体をいいます（9.サプライチェーンを参照してください）。1つの工場だけでなく，材料の供給業者，物流業者や小売店までを含めたサプライチェーン全体で，環境保全対策を図ることが大切です。サプライチェーンへの環境保全活動として「マブチモーターのグリーン調達」の事例を紹介しましょう。

マブチモーターは，製品の原材料・部品などを調達する際に，法令に加え独自の基準を設けて，環境負荷が小さい部材や，環境マネジメント規格であるISO14001の認証を取得した取引先から優先して調達しています。製品ライフサイクルにおいて，環境負荷の少ない製品の開発に取り組むために，取引先とともに環境負荷の低減や環境リスクの回避を図っています。下の図のように，取引先にはグ

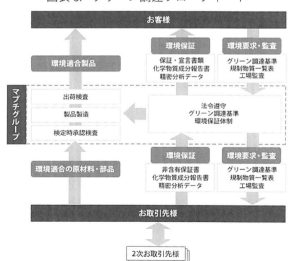

図表5. グリーン調達フローチャート

出所：マブチモーターのHP（https://www.mabuchi-motor.co.jp/csr/measures/green.html）より。

リーン調達活動を実施のうえで，環境活動調査表や部品・材料に環境禁止物質が含まれないことを保証する書類を提出させています。

このように，1つの企業だけでなく，グループ全体，関連会社や下請け企業までも取り込んだ環境保全活動が必要です。

## 15-4. ライフサイクルコストと環境

ライフサイクルコスト（Life Cycle Cost：LCC）とは，製品の商品開発，設計，生産，販売，廃棄までの「製品の一生」で発生するコストのことです。これまで企業では，製品の一生のうち，生産し販売して消費者に渡るまでのコストを原価として計算してきました。これらのコストに加えてライフサイクル・コストでは，その製品の使用，修理，廃棄やリサイクルにかかる消費者が負担するコスト（ユーザーコスト）も原価と考えます。最近では，製品の廃棄，回収やリサイクルのコストを消費者と企業が負担するようになり，製品の最終段階をあらかじめ考えた製品開発が行われるようになりました。したがって，製品開発の段階から環境保全を考慮した開発が必要とされています。

ライフサイクル・コスト
        ＝購入代価（イニシャルコスト）＋ユーザーコスト
        ＝イニシャルコスト＋使用コスト＋廃棄コスト

特に，建設業，航空機，造船，電力などの産業は，使用コストや廃棄コストが大きな割合を占める業界です。2011年の福島原発の事故で発生したコストは，廃炉2兆円，賠償5.4兆円，除染・汚染土の中間貯蔵施設3.6兆円のほかに，核燃料の再処理はまだ方法さえも確定していないので，いくらになるかわからないほど巨額になります。このように製品のライフサイクルにおける廃棄物の処理に関するコストは莫大で，しかも社会全体に対して影響し，社会的コ

スト（自然界に及ぼす被害のコスト）を生じます。最近，建設業では
LCC を考えた設計・計画を提案しています。また，花王やライオ
ンでは，洗剤の包装材を設計段階から環境に考慮した詰め替え用製
品にして，製品容積を増やすとともに包装材の使用量を減らすこと
ができました。これらは「環境を考慮した原価企画」です（5.原価
企画を参照してください）。キヤノンのように，ライフサイクルのあ
らゆる段階で生じる環境負荷物質を考慮している企業もあります。

---

**⨀ 第 15 章のまとめ**

☐　環境を守りながらコストを引き下げる，利益をあげる会社。

---

参考文献

中嶋道靖・國分克彦『マテリアルフローコスト会計』第 2 版，日本経済新聞社，
　2008 年。
「マテリアルフローコスト会計手法導入ガイド」経済産業省，2009 年。
「環境管理会計手法ワークブック」経済産業省，2002 年。

| 139

**ケース： 利益の原価計算**

# CCS，最新収支を瞬時に把握，
# 製造業向けプログラム開発，
# 全計算や記録を一括処理

　千葉銀行系の情報処理会社，ちばぎんコンピューターサービス（略称CCS，本社千葉市，社長川島亮氏）は原価，労働コストの計算や帳簿への記録，資金管理などが一括してできる製造業向け汎用プログラム「製造直接原価計算・管理会計システム」を開発した。商品仕入れから利益計算までを連動してパソコンで処理でき，最新の収支状況を瞬時につかめる。首都圏を中心に全国の中小企業向けに近く販売を始める。

　新プログラムはCCSが経営コンサルタント会社の浜田マネージメントサービス（埼玉県狭山市，浜田時好氏），水産加工会社の大丸水産（千葉県銚子市，平野源四郎氏）の協力を得て開発した。大丸水産の魚肉加工工場が試験利用しており，経営効率化の点で実績が上がり始めたことからCCSが自社営業網を通じての販売を決めた。価格は200万円で富士通製パソコンのFACOM9450仕様。他社機種でも使えるようソフトを手直しできる。

　開発したプログラムは（1）原材料，製品の数量，労働時間を記録する物量会計（2）原価計算（3）主な勘定項目の明細表などを入力する管理会計（4）品目別などの利益計算（5）資金の回転状況をつかむ資金管理——の個別ソフトを組み合わせた。導入する企業は経営コンサルタントなどの指導を受けて従来の事務処理方法を一部変更する仕組み。（略）

　CCSは今後企業向けに，事業計画，利益計画，資金計画を組み合わせた経営計画システムを開発する。　　　　　　　　1987/11/13　日本経済新聞

# 16 利益の原価計算

## 16-1. 変動費・固定費

　原価の分類では，形態別の分類，直接製品の一部であるかどうかによる分類を説明しました（3.価格決定を参照してください）が，「生産量などの操業度に対して，原価がどのように変化するか」を基準に原価を分類する方法があります。工場での生産量が増えるとそれに比例して増える費用を「変動費」，生産量が増えても変化しない費用を「固定費」といいます。

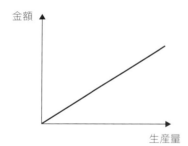

図表1. 変動費

変動費：原材料費，仕入原価，販売手数料，派遣社員の給与など

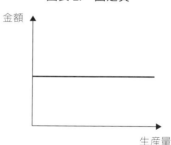

図表2. 固定費

固定費：減価償却費，賃借料・リース料，光熱費，正社員の給与など

## 16-2. 全部原価計算と直接原価計算

　ある一定の期間に製造した製品にかかる原価すべてを製造原価として計算する方法を「全部原価計算」といいます。それに対して，原価を変動費と固定費に区別して，変動費のみを製造原価として計算する方法を「直接原価計算」といいます。全部原価計算は，古く

から実際原価計算として利用され，現在も『原価計算基準』として認められ利用されています。直接原価計算は，1950年代になってわが国でも採用する企業が増えてきた方法です。2つの原価計算は，その目的が異なるため，計算方法はもちろん計算結果も異なります。全部原価計算の損益計算では，一定期間の売上げから，売上原価（その製品の販売のためにかかったすべての原価）を差し引いたものを「売上総利益」といいます。売上総利益から，広告費などの販売費と家賃や光熱費などの一般管理費を差し引いて「営業利益」を求めます。一方，直接原価計算では，売上高から変動費を差し引いたものを「限界利益」といいます。限界利益から固定費を引いて，営業利益を求めます。下にそれぞれの損益計算書を例示します。

| 全部原価計算の損益計算書 | |
| --- | ---: |
| 売上高 | 100 |
| 売上原価 | 60 |
| 売上総利益 | 40 |
| 販売費・一般管理費 | 15 |
| 営業利益 | 25 |

| 直接原価計算の損益計算書 | |
| --- | ---: |
| 売上高 | 100 |
| 変動費 | 45 |
| 限界利益 | 55 |
| 固定費 | 30 |
| 営業利益 | 25 |

## 16-3. 全部原価計算と直接原価計算の利益の相違

　小さな電気部品を製造している小島電機の例で考えてみましょう。小島電機では，製品Aの販売単価は600円，変動費である材料費は1個200円，製造機械の減価償却費などの固定費は月額270,000円です。販売費・一般管理費はありません。

　（1）全部原価計算，（2）直接原価計算の両方式の利益を，各期で比較してみましょう。

第1期：1,000個生産・1,000個販売

第2期：1,500個生産・800個販売

第3期：500個生産・1,200個販売

生産量と販売量

|  | 第1期 | 第2期 | 第3期 |
|---|---|---|---|
| 期首在庫量 | 0 | 0 | 700 |
| 当期生産量 | 1,000 | 1,500 | 500 |
| 当期販売量 | 1,000 | 800 | 1,200 |
| 期末在庫量 | 0 | 700 | 0 |

## (1) 全部原価計算

全部原価計算の損益計算書

(単位：円)

|  | 第1期 | 第2期 | 第3期 |
|---|---|---|---|
| 売上 | 600,000 | 480,000 | 720,000 |
| 売上原価 | 470,000 | 304,000 | 636,000 |
| 売上総利益 | 130,000 | 176,000 | 84,000 |
| 販売費・一般管理費 | 0 | 0 | 0 |
| 営業利益 | 130,000 | 176,000 | 84,000 |

## 第1期：1,000個生産・1,000個販売（生産量と販売量が等しい場合）

1,000個販売したので，1,000個分の売上げは，

$$売上高＝600 円×1,000 個＝600,000 円$$

1,000個生産した分がすべて販売されたので，売上原価は材料費と減価償却費の合計です。

$$売上原価＝200 円×1,000 個＋270,000 円＝470,000 円$$

## 第2期：1,500個生産・800個販売（生産量が販売量よりも多い場合）

1,500個の生産に対して，800個を販売したので，700個が在庫になりました。売上原価は，販売した800個分の材料費と，1,500個生産したうちの販売した800個分の減価償却費です。

16 利益の原価計算 | 143

$$売上原価 = 200 円 \times 800 個 + 270,000 円 \times \frac{800 個}{1,500 個} = 304,000 円$$

### 第3期：500個生産・1,200個販売（生産量が販売量より少ない場合）

在庫が700個あるので，500個生産して，合計1,200個販売した場合です。売上原価は，第2期に700個生産した分と第3期に500個生産した分の合計となります。材料費は，前期と当期の合計1,200個分になります。減価償却費は，前期分1,500個生産したうち，在庫の700個分（270,000円÷1,500個×700個）と，当期分270,000円の合計となります。

$$売上原価 = 200 円 \times 1,200 個 + 270,000 円 \times \frac{700 個}{1,500 個} + 270,000 円$$
$$= 636,000 円$$

## （2）直接原価計算

### 直接原価計算の損益計算書

（単位：円）

|  | 第1期 | 第2期 | 第3期 |
|---|---|---|---|
| 売上 | 600,000 | 480,000 | 720,000 |
| 変動費 | 200,000 | 160,000 | 240,000 |
| 限界利益 | 400,000 | 320,000 | 480,000 |
| 固定費 | 270,000 | 270,000 | 270,000 |
| 営業利益 | 130,000 | 50,000 | 210,000 |

### 第1期：1,000個生産・1,000個販売（生産量と販売量が等しい場合）

1,000個販売したので，売上は，

$$売上高 = 600 円 \times 1,000 個 = 600,000 円$$

変動費である材料費は，販売した 1,000 個分で，

$$変動費 = 200 円 \times 1,000 個 = 200,000 円$$

固定費である減価償却費は，生産量・販売量に関係なく一定ですから，

$$固定費 = 270,000 円$$

### 第 2 期：1,500 個生産・800 個販売 （生産量が販売量よりも多い場合）

800 個販売したので，

$$売上高 = 600 円 \times 800 個 = 480,000 円$$

変動費である材料費は，販売した 800 個分で，

$$変動費 = 200 円 \times 800 個 = 160,000 円$$
$$固定費 = 270,000 円$$

### 第 3 期：500 個生産・1,200 個販売 （生産量が販売量より少ない場合）

販売した 1,200 個で，

$$売上高 = 600 円 \times 1,200 個 = 720,000 円$$

変動費である材料費は，1,200 個分が販売されたので，

$$変動費 = 200 円 \times 1,200 個 = 240,000 円$$
$$固定費 = 270,000 円$$

第 1 期（生産量と販売量が等しい）の場合，全部原価計算と直接原価計算の損益計算書の利益は同じ（130,000 円）です。ところが，第 2 期（販売量よりも生産量が多く在庫が生じる）の場合，全部原価計算方式の方が，直接原価計算方式よりも利益は多くなります。逆に第 3 期（販売量よりも生産量が少なく在庫が減る）の場合，全部原価計算

方式の方が，直接原価計算方式よりも利益は少なくなります。しかも，全部原価計算では，第１期から第２期に販売量が減っているのに，営業利益は増えていますし，逆に第２期から第３期は販売量が増えているのに，営業利益は減っています。なぜこのようなことが起きるのでしょうか。

### 16-4. 全部原価計算と直接原価計算の異なる目的

　全部原価計算では，販売量に対する原価を求めて利益を計算します。第１期の販売量と生産量が等しいので，原価は 1,000 個に対する材料費と減価償却費の全額となりますが，第２期の減価償却費は当月作った 1,500 個分のうち販売した 800 個分が原価となります。売れ残った 700 個分の中の減価償却費（126,000 円）は在庫として第３期に繰り越され当月分から差し引かれるので，その分，売上原価が少なくなり利益が増えます。

$$270,000 \text{ 円} \times \frac{700 \text{ 個}}{1,500 \text{ 個}} = 126,000 \text{ 円}$$

　第３期では，繰り越された在庫 700 個分の中の減価償却費（126,000 円）が当月分の減価償却費（270,000 円）に加算されるので，その分，売上原価が多くなり利益が減ります。このように全部原価計算は，減価償却費などの固定費を製品に配賦して，「原価」を算定することが目的です。原価計算が誕生したころは，実際にかかった全部の原価を正確に計算することが大切だと考えられていました。実際の原価に利益を加えて販売価格を決めていたので，製品の原価を正確に計算することが重要だったのです。

　一方，直接原価計算は，「利益」を算定することが目的です。計算例のように直接原価計算では，販売量が増減すると，それに応じて売上げも材料費も変わりますが，固定費は製品の生産量に関係な

く一定ですから変わりません。また，直接原価計算では，生産量に関係なく販売量に対する利益を求めるので，在庫が増減しても利益には影響しません。したがって第1期から第2期に販売量が減ると利益も減りますし，第2期から第3期の販売量が増えると利益も増えます。このように直接原価計算は売上げの増減に反応するので，利益目標を立てて利益計画を作るときや損益分岐点分析などに利用されています（17. 損益分岐点分析を参照してください）。

　全部原価計算と直接原価計算の違いは，固定費を製品に結びつけて原価とするか，販売された期間の原価とするか，という問題です。

### 16-5. 固変分解

　製品原価を固定費と変動費に分解することを「固変分解」といいます。固変分解は，直接原価計算や損益分岐点分析を行う上では重要ですが，グラフで示すような純粋な固定費や変動費の他に，どちらともいえない費用が多いので，正確に分類することは難しいのです。そのため高低点法，スキャッター・チャート法，費目別精査法，最小二乗法などいろいろな方法が考えられています。実際に使用可能な方法は，中小企業庁が発行している「中小企業の原価指標」に基づいて変動費と固定費を区別して，各企業の実情に合わせて修正しています。また，PC の普及によって Excel の「INTERCEPT」と「SLOPE」で求めることもできます。

---

⚠ **第 16 章のまとめ**

☐ 　直接原価計算は，利益を求める原価計算。利益が生まれる構造。

☐ 　利益計画に利用される。

## ケース： 損益の分かれ目

# 企業，投資拡大へ転換点
# 損益分岐点比率，70% 下回る，
# 新領域の開拓が課題（エコノフォーカス）

　本企業の「稼ぐ力」が高まっている。民間試算によると，4〜6月期の企業の「損益分岐点比率」は統計をさかのぼれる70年代以後で初めて70%を下回った。これは売上高が現状より30%減っても利益が出ることを意味する。稼ぐ力の上昇に伴い，設備投資も拡大に向かう兆しが見えてきた。次は稼いだ利益をどう生かすか，「使う力」が課題になる。（竹内宏介）

　分析手段の一つとして損益分岐点がある。文字通り損失と利益の分かれ目となる水準を示す。売上高と経費が同じなら収益はゼロで，経費が少ないほど利益は増える。ただ，ここに来て姿勢に変化が見られる。日銀が1日に発表した9月の全国企業短期経済観測調査（短観）によると，18年度の設備投資は大企業全産業で前年度比13.4%増の見込み。9月時点の比較では90年度以来，28年ぶりの高水準だ。

　みずほ総合研究所の大野晴香氏は「合理化目的の投資だけでは中長期的に伸び悩む」とした上で，「新しい収益の柱を作れるかが重要」と指摘。車向けなどに需要が伸びる軽くて強い新素材「セルロースナノファイバー」に製紙会社が投資するなど，既存ビジネスの延長にとどまらない事例が増えるかに注目する。

　企業が成長源としてもう一つ力を入れるのはM&A（合併・買収）だ。法人企業統計によると企業が長期保有する株式が大幅に伸びている。17年度は316兆円と2年間で70兆円も増えた。損益分岐点比率で70%を下回る収益力をさらに伸ばすのは容易ではない。蓄えたお金を「使う力」の変革が，次の「稼ぐ力」を手に入れていくための分かれ道になる。（略）

2018/10/08　日本経済新聞

## 17 損益の分かれ目

### 17-1. 利益が出る仕組み

　企業の利益は，どのように生まれるのでしょうか。「販売価格－原価＝利益」で求められるのでしょうか。社長１人で営む小さなバーガーショップで確認してみましょう。バーガー１個の販売価格，原価は以下です。この図表1.の材料費120円は，バーガーのバンズ（パン），パテなどの材料のことです。経費は，バーガーショップの家賃や器具など月額で18万円かかります。１個当たりにすると，18万円を月間の販売数1,200個で割って150円です。その結果，販売価格300円から材料費120円と経費150円を差し引いて，１個当たりの利益は30円です。では，バーガーが１個売れれば，利益30円が生まれるのでしょうか。

図表1. バーガー１個の販売価格・原価

| 販売価格 | 300 円 | |
|---|---|---|
| 材料費 | 120 円 | |
| 経費 | 150 円 | ＝180,000 円÷1,200 個 |
| 利益 | 30 円 | |

### 17-2. 変動費・固定費と損益分岐点

　利益を考える前に，原価について考えてみましょう。「16.直接原価計算」で説明したように，生産・販売量が増えるとそれに比例して増える費用を「変動費」，生産・販売量が増えても変わらない費用を「固定費」といいます。変動費は，バーガーのバンズ（パ

ン），パテなどのように，製品を作って販売すればするほど増える費用で，製品の原材料費や商品の仕入原価などがあります。一方，固定費は，バーガーショップの家賃や器具，減価償却費などのように，1個も作らなくても，たくさん作っても変わらない費用です。この変動費と固定費の合計額が「総原価」です。

　企業の利益は，「売上－総原価＝利益」で求められます。図表2.の変動費と固定費の合計が総原価です。この総原価と売上げとの差が，利益または損失になります。売上高線が総原価よりも上にあるときに，利益が生まれます。逆に，売上高線が総原価よりも下にあると，損失が生まれます。そして，この売上高線と総原価が交差する点，つまり利益も損失も生じない点，損益の分かれ目となる点を「損益分岐点（Break-Even Point：BEP）」といいます。損益分岐点における売上高を「損益分岐点売上高」，売上数量を「損益分岐点売上数量」といいます。損益分岐点売上高を超えた売上げを上げるか，損益分岐点売上数量を超えることができれば，利益が出ます。

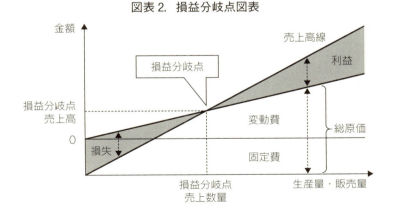

図表2．損益分岐点図表

　バーガーショップの損益分岐点における損益分岐点売上数量，損益分岐点売上高を求めてみましょう。損益分岐点売上数量をx個

とすると，変動費の総額は120x，固定費は180,000円なので，総原価は120x＋180,000円，売上高は300xとなります。損益分岐点は，総原価と売上高とが等しくなる点ですから，

$$120x + 180,000 = 300x$$
$$180,000 = 180x$$
$$x = 1,000$$

このバーガーショップは，バーガーを1,000個販売できなければ損失になり，1,001個以上販売できれば，利益が生まれることになります。損益分岐点売上高は，

$$300円×1,000個 = 300,000円$$

この販売数量1,000個，売上高300,000円が，この店の損益分岐点です。

現在，このバーガーショップは，1,000個を超えて月間1,200個のバーガーを販売しているので，利益が出ています。現在の利益総額は，

$$300円×1,200個 − (120円×1,200個 + 180,000円) = 36,000円$$

この利益総額を1個当たりに換算したものが，図表1.の利益です。

$$36,000円 ÷ 1,200個 = 30円$$

1個当たり利益が30円ということは，1個売れれば30円の利益が生まれるのではなく，1,000個を超えて1,200個売れたときに，1個当たりの利益が30円になるということです。

## 17-3. 限界利益と損益分岐点

お客さんが来てバーガー1個を注文しました。早速，バーガー1

個を120円の材料費をかけて作ります。出来上がったバーガーと引換えに、300円を受け取ります。つまり、原価120円の品物と300円とを交換して、180円の収入を得たことになります。これが商売です。ですから、お客さんが店に来たということは、180円の収入のチャンスが到来したことになります。この「売上－変動費」の180円のことを「限界利益」といいます。お客さんは180円という限界利益を運んでくるのです。このように考えると、損益分岐点は、180円の限界利益のバーガーが何個売れれば、家賃や器具などの固定費18万円をまかなえるか、元がとれるかを表しているといえます。

このバーガーショップの損益分岐点は、販売数量が1,000個、売上高が300,000円です。下の図表3.は、限界利益180円が固定費18万円を回収する様子を表しています。1,000個売れるまでは固定費を回収できないので利益は出ませんが、1,000個を超えて1個でも多く売れれば利益が生まれるので、利益は損益分岐点を超えて売り上げた分の限界利益の合計額のことです。現在1,200個販売しているので、損益分岐点の1,000個を200個超えています。したがって180円×200個＝36,000円の利益になります。この図表の限界利益線の傾きは、売上－変動費（300円－120円＝180円）です。

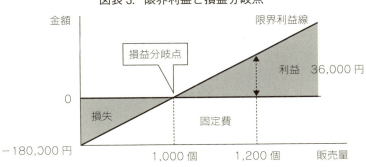

図表3．限界利益と損益分岐点

このように損益分岐点は，総原価と売上高が等しくなる点であり，また限界利益が固定費を回収した点でもあるといえます。

## 17-4.　CVP 分析

　売上，変動費，固定費の関係を分析することで，いろいろなことがわかります。これを「CVP 分析（Cost Volume Profit Analysis：CVP）」といいます。CVP 分析は，企業の現状を理解したうえで，目標に対してどのようにすればよいかを明らかにして，短期利益計画を立てることに役立ちます。短期利益計画とは，次年度からすぐに計画を立てて実行できる計画のことです。

　このバーガーショップの次月の利益目標を 270,000 円とすると，何個売れば，目標利益を達成できるのでしょうか。その時の売上高はいくらでしょうか。

　利益目標 27 万円のときの販売数量を x とします。限界利益 180 円が x 個売れれば，固定費 18 万円を回収して利益が 27 万円になるか，ということになります。図表 4. からわかるように

$$(300 - 120) \times x - 180{,}000 = 270{,}000$$
$$x = 2{,}500$$

　このように 2,500 個が目標となります。同じように，27 万円の目標利益を上げるための売上高を求めてみましょう。図表 5. から目標売上高を S 円とすると，変動費は 0.4S 円です。これはこの店のバーガーの販売単価 300 円に対して，材料である変動費が 120 円だからです。差し引き限界利益は 0.6S 円と表すことができます。

$$S - 0.4S - 180{,}000 = 270{,}000$$
$$0.6S = 450{,}000$$
$$S = 750{,}000$$

17 損益の分かれ目 | 153

| 図表 4. 販売量を x 個 | |
| --- | --- |
| 売上高 | 300x |
| 変動費 | 120x |
| 固定費 | 180,000 |
| 目標利益 | 180x－180,000 |

| 図表 5. 売上高を S 円 | |
| --- | --- |
| 売上高 | S |
| 変動費 | 0.4S |
| 固定費 | 180,000 |
| 目標利益 | 0.6S－180,000 |

目標売上高は 750,000 円です。

## 17-5. 損益分岐点比率と安全余裕率

現在の実際の売上高が，損益分岐点売上高に対してどの程度離れているかは，企業の現在の安定度を理解するうえで重要です。損益分岐点の売上高を実際の売上高で割った比率を「損益分岐点比率」といいます。

$$損益分岐点比率 = \frac{損益分岐点の売上高}{実際の売上高}$$

実際の売上高が大きいほど損益分岐点比率は小さくなり，安定していることを表します。では，このバーガーショップの損益分岐点比率はいくらでしょうか。もし，実際の売上高が 32 万円だとすれば，

$$損益分岐点比率 = \frac{300,000}{320,000} = 0.9375$$

この 93.75% という比率は，実際の売上高の 93.75% が損益分岐点までの売上高であり，利益に貢献しているのは 6.25% に過ぎないということを意味しています。つまり，売上高が 6.25% 下がると，利益はゼロになるということです。この 6.25% のことを「安全余裕率」といいます。

$$損益分岐点比率(93.75\%) + 安全余裕率(6.25\%) = 1$$

の関係が成り立ちます。損益分岐点比率が小さいほど，安全余裕率が大きいほど経営は安定しているといえます。

　それでは，どうすれば経営を安定させること，つまり損益分岐点比率を下げる（安全余裕率を上げる）ことができるでしょうか。前頁の定義式を見てください。損益分岐点比率を下げるには，分母（実際の売上高）を大きくするか，分子（損益分岐点の売上高）を小さくすることです。つまり，売上げを増やすか，損益分岐点を下げるようにするということです。

## 17-6. 損益分岐点を下げるには

　損益分岐点を下げるにはどうしたらいいでしょうか。「売上 − 変動費 − 固定費 = 利益」の関係からわかるように，3つの方策が考えられます。

① 売上げを伸ばす
② 変動費を削減する
③ 固定費を削減する

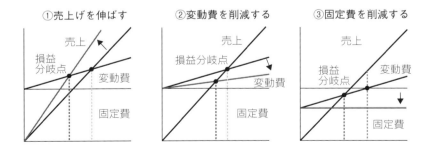

　では，どの企業でもこの3つの方策は有効なのでしょうか。

## 17-7. 変動費型企業と固定費型企業

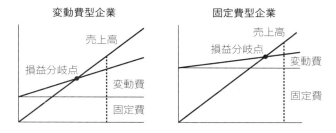

　企業には，売上げに占める変動費の割合の大きい企業や，売上げに占める固定費の割合が大きい企業があります。変動費を売上げで割った値を「変動費率」といいます。変動費率が高い企業を「変動費型企業」，変動費率が低い企業を「固定費型企業」といいます。

　固定費型企業と変動費型企業とでは，損益分岐点を下げるための3つの方策の効果は異なります。変動費の削減は変動費型企業に大きな効果をもたらしますし，固定費の削減は固定費型企業に大きな効果をもたらします。大切なのは，売上げ（数量）を増加させたときの効果です。

　売上げ（数量）を伸ばす効果は，固定費型企業の方が大きくなります。製品1個当たりの限界利益が大きいので，売上数量が増えるとその分，限界利益は大きくなるからです。固定費型企業が売上数量を増加するとすぐに利益を増加させるということは，反対に売上数量の減少に対してもすぐに利益を減少させることになります。このことから，固定費型企業はハイリスク・ハイリターン型といえます。固定費型企業は，顧客数を増やすように心がけることが大切です。固定費型企業としては，製造業，電気・ガス産業，航空会社，ホテル業などが代表的です。

　一方，変動費型企業はローリスク・ローリターン型です。変動費型企業は製品1個当たりの限界利益が小さいので，売上数量の増加

が利益を増加させにくい構造といえます。したがって，顧客を増やそうとしなくなることがあるので，注意が必要です。変動費型企業としては，自動車メーカー，スーパー，百貨店，商社や家電量販店などの小売業があります。

　また，人件費（労務費）は，正規社員は日本では固定費，派遣社員やアルバイトなどは変動費です。したがって，コンサルティング会社のようなサービス業でも，正規社員の多い企業は固定費型，派遣社員やアルバイトなどが多い企業は変動費型といえます。

---

**① 第17章のまとめ**

☐　自分の会社がどのくらい安定しているかがわかる指標。

☐　変動費型企業か固定費型企業かによって，売上げを増やしても利益が異なる。

## ケース： ミニプロフィットセンター

# 進化するアメーバ経営（6）
# 障害者の就労に役立つ（軌跡）

　アルミケース製造販売のアクテック（大阪府枚方市）。芦田庄司社長は「アメーバ経営は障害者の就労支援にも役立つ」と話す。1990年代初めに精神障害者を雇用したが，91年12月期に116億円強だった売り上げが2年で半減。悩んだ末に人員削減はしないと決断し，94年にアメーバ経営を導入した。

　社内にはアメーバと呼ばれる小集団ごとに「進捗ボード」が掲げられ，目標や実績の金額が一覧できる。障害者も健常者と組んで働き，自らの仕事の成果や貢献度を毎日確認する。「精神障害者や知的障害者も自分の役割と責任を意識し，やりがいを感じている」と芦田社長。

　アメーバ経営の導入直後は社内が混乱。やがて業績は急回復したが，その後にマンネリ化が起きる。京セラの稲盛和夫名誉会長の経営哲学を皆で学び，再び社内を活性化させた。前期の売り上げは5億円台だが，利益を確保している。

　介護事業などを展開する社会福祉法人，福祥福祉会（大阪府豊中市）は2008年，アメーバ経営を本格導入した。同会や医療法人などで構成する豊泉家グループの田中成和会長は「介護や医療はチームで仕事をするので，アメーバ経営を適用しやすい」と話す。利益追求を嫌悪する職員の流出を招くが，収支の改善で研修などの人材投資を増やせるようになった。

　08年に前年4月時点の在籍者について「年間所得を10年で5割増やす」と宣言し，7年で前倒し達成した。全員に年7日間の連続休暇を取らせることも実現し，来年度は前・後半に7日ずつと倍増する計画だ。休業日のない介護事業で全員が連続休暇を取るには譲り合いが必要。田中会長は「実現したのは皆が『利他の心』をもっているから」と誇らしげに語る。

2016/12/27　日本経済新聞

# 18 ミニプロフィットセンター

## 18-1. 責任センター

　企業の中で，日々の業務に対して責任を負っているのは誰でしょうか。社長でしょうか。確かに社長は，会社で起きたすべてのことに対して責任があります。しかし，会社が大きくなると社長1人ですべての権限と責任を負うことには限界があり，事業部長や部門長に委ねた方が効率的です。組織の責任と会計上の責任を対応させることを「責任会計」といいます。責任会計とは，権限と責任を任された個人と，その人の管理できる会計上の数値とを結び付けて業績を評価する制度です。責任会計を実施する業務の単位を「責任センター」といいます。例えば，工場長には本社から与えられた予算の中で，工場で発生するコストを削減する責任と権限が与えられています。工場という責任センターで，工場長は原価削減の目標値にむかって努力し，その成果が業績となるのです。

　責任センターには以下のものがあります。

　①コスト（原価）センター：原価を集計する組織単位です。原価を厳密に管理する目的で考えられたもので，工場や製造部門では優れた製品を低コストで作る責任があります。電算センター，研究所や本社もコスト管理が大切なので，コストセンターになります。

　②プロフィット（利益）センター：原価だけでなく収益に対する責任も持つので，利益を責任単位とします。生産と販売，つまり原価と売上げ，その差額である利益に責任を持ちます。製品別，地域別などの単位で事業ごとに独立して行う組織を「事業部」といい，生産，販売，経理などの職務が総合して行われる組織です。事業部

はプロフィットセンターですから，事業部損益計算書が作成されます。

③インベストメント（投資）センター：プロフィットセンターである事業部に投資権限を与えて，投資額にも責任を持たせる単位です。インベストメントセンターでは利益だけでなく，利益を生み出した投資資金の効率（投資利益率）に関しても責任を持ちます。そのため事業部の損益計算書だけでなく，貸借対照表も作成されます。

これ以外にも，収益だけに責任を持つレベニュー（収益）センターがあります。レベニューセンターとしては営業部，販売部などがあります。

## 18-2. ミニプロフィットセンターとは

「ミニプロフィットセンター（Mini Profit Center : MPC）」は，日本で生まれた制度で，プロフィットセンター内にさらに小さなプロフィットセンターを作り，数名の組織に利益管理責任と権限を与えて，独立した企業のように経営させる制度です。既存の組織を少人数の組織単位に分化することによって，全員が参加して組織の活性化を図ることが目的です。

図表1．事業部制組織とミニプロフィットセンター

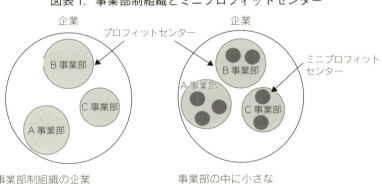

例えば，京セラでは，個々のミニプロフィットセンターをアメー
バと呼びます。組織をアメーバと呼ぶ小集団に分け，各アメーバに
独立した採算表を作成させて，利益責任を持たせる制度です。各ア
メーバのリーダーが中心となって自らのアメーバの計画を立て，メ
ンバー全員が知恵を絞り努力することで，アメーバの目標を達成し
ていきます。そうすることで，現場の社員ひとりひとりが主役とな
り，自主的に経営に参加する「全員参加経営」を実現します。

　ミニプロフィットセンターには，京セラ以外にもいろいろな形態
があります。NEC埼玉，住友電工のラインカンパニー制，ヒガシ
マル醤油，キリン京都の職場別利益管理制度，オリンパスのグルー
プ経営などです。これらに共通していることは，それぞれの小さな
単位が1つの会社のように独立して，原価削減だけではなく利益獲
得への意識を全員で高めていることです。

## 18-3. 京セラのアメーバ経営

　京セラのアメーバ経営の特徴は，①全員参加経営，②マーケット
イン，③時間当たり採算表の3つをあげることができます。

　①全員参加の経営：アメーバ経営では，会社の方針をもとに，ア
メーバ内で目標を共有化して年度計画や月次予定を立て，実績管理
が行われます。その結果，現場の知恵が結集し，目標の達成感が共
有され，職場の一体感が生まれることで全員参加の経営が実現しま
す。また，各アメーバ間でも情報が共有され，リーダー同士が部門
の壁を越えて交渉する仕組みができあがります。小さなアメーバで
は，人員に余裕がありません。そこで他のアメーバとの間で「人手
不足」「人員余剰」の情報が交換され，業務の応援のためのメンバ
ーの貸し借りが行われ，業務費用の削減と売上げの増加につながり
ます。また，現場のリーダーに権限が委ねられるので，起業家精神
あふれるリーダーの育成にもつながります。

②マーケットイン：小さな集団が，独立した企業のように利益責任を負うとはどういうことでしょうか。図表2. と図表3. を見てください。アメーバには主に営業アメーバと製造アメーバがあります。まず，営業アメーバAが100万円の価格で受注します。営業アメーバAは，製造アメーバAと100万円の製品の商談を始めます。商談がまとまると，製造アメーバAは営業アメーバAに100万円の10％の手数料を支払います。この手数料を営業口銭といいます。次に製造アメーバAは，製造に必要な部品や半製品を仕入れるために，製造アメーバBや社外メーカーと商談します。もし製造アメーバAと製造アメーバBとの商談が40万円でまとまると，製造アメーバAは社内買い，製造アメーバBは社内売りが決まります。このように市場価格（100万円）から各アメーバとの商談で，社内売り，社内買いの価格が決まっていく仕組みを「マーケットイン」といいます。各アメーバは社内顧客にもなるので，要求も厳しくなり，品質やコストによっては社外から購入することもできますし，同じように社外に直接売ることもできます。それぞれのアメーバが利益を増やそうとすることで，会社全体の競争力が高まることがアメーバ経営の特徴です。

### 図表2. 社内買・社内売

| | 製造アメーバC | 製造アメーバB | 製造アメーバA | 営業アメーバA | 全社 |
|---|---|---|---|---|---|
| 社外売 | | | 100 | | 100 |
| 社外調達 | −10 | | | | −10 |
| 社内売 | 20 | 40 | | | 60 |
| 社内買 | | −20 | −40 | | −60 |
| 営業口銭 | | | −10 | 10 | 0 |
| 経費 | −5 | −7 | −38 | −6 | −56 |
| 利益 | 5 | 13 | 12 | 4 | 34 |

お金の流れ ←————————————————

物の流れ ————————————————→

図表3. マーケットイン

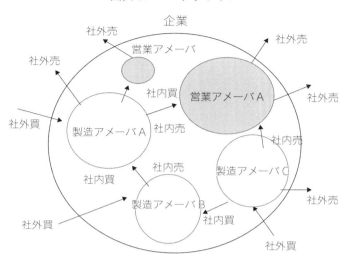

　③時間当たり採算表：従業員のすべてが会計の知識を持っているわけではありませんから，京セラでは，アメーバごとに採算性を表す「採算表」を作成して，業績が評価されます。図表4.で社外出荷と社内売の合計である「①総出荷」は企業でいえば売上，総出荷から社内買と経費を引いたものが「⑤差引売上」，これが利益に当たります。経費は，人件費以外のすべての費用のことです。経費に人件費を含めないのは，アメーバによって人件費が異なり，人件費が高いアメーバがやる気を無くすのを防ぐためといわれています。この表の特徴は，差引売上を総労働時間で割って「⑦時間当たり採算」を表す点です。時間当たり採算は，絶対額ではなく効率を表すので，アメーバ間の比較が可能となり競争意識が生まれ，リーダーもメンバーも時間当たり採算性を強く意識するようになり，限られた時間内で最大の利益を獲得しようとします。

18　ミニプロフィットセンター | 163

図表 4.　製造アメーバの時間当たり採算表

| 総出荷<br>　社外出荷<br>　社内売 | ① |
| --- | --- |
| 社内買 | ② |
| 総生産 | ③＝①－② |
| 経費 | ④ |
| 差引売上 | ⑤＝③－④ |
| 総労働時間 | ⑥ |
| 当月時間当たり採算 | ⑦＝⑤÷⑥ |

## 18-4.　事例：JAL

　2010年に倒産した日本航空（JAL）は，京セラ会長の稲盛和夫氏を社長に迎え，2年7カ月で再建されました。この再建のためにJALに導入されたのが，アメーバ経営です。倒産前のJALは，収入は販売部門と貨物部門が，経費の予算はすべての部門が作成して管理されていましたが，アメーバ経営導入後は各事業部門に部門別採算制度を採用し，プロフィットセンターとしたのです。

図表 5.　JAL の部門別採算制度

事業支援部門　　　　　　　　　　　　事業部門

| 運航本部 |
| --- |
| 客室本部 |
| 空港本部 |
| 整備本部 |

| 路線統括本部 |
| --- |
| 旅客販売統括本部 |
| 貨物郵便事業本部 |

　路線統括本部は，協力対価を支払って各事業支援部門から運航に必要な資源を購入し，1つの製品として作り上げます（図表5.）。つまり，路線統括本部は，運航本部から運航乗務員，客室本部から客室乗務員，整備本部から整備士など，旅客機1機を飛ばすのに必要な資源を仕入れて運航計画を作成します。一方，旅客販売統括本部

は各便の座席を販売しますが，代金は路線統括本部に入り，販売手数料を受け取って収入とします。路線統括本部がすべての費用を負担して，収入との差額を利益とします。このように事業部門は事業支援部門に協力対価を支払うという仕組みによって，各部門もプロフィットセンターとして機能します。すべての部門で収支が管理され，パイロット，キャビンアテンダント，地上スタッフ，整備士それぞれがコストを意識する全員参加による原価管理が行われるようになりました。また，路線1便ごとの収支も把握され，何パーセントの乗客率であれば収支がとれるか，そのために顧客をどのように増やすか，コストを引き下げるかを全員が考えるようになりました。

### 18-5. 事例：病院

アメーバ経営の応用範囲は広く，医療機関でも導入が進められています。医療機関の組織体制は，医師，看護師，放射線技師，薬剤師といった職能別に組織され，なかでも医師の診察や治療行為を中心に診療報酬が規定されているので，医療機関の収入に責任を持つのは医師の役割，という考え方が一般的です。一方，診療報酬の改定，新病棟建設，高額な医療機器の購入などによって赤字を抱える病院は少なくありません。そこでアメーバ経営の導入が進められています。

病院では各診療科だけでなく，医師以外の医療従事者が属する各部門，例えば麻酔科，看護部，薬剤部，放射線科，臨床検査部などがアメーバとなりますし，看護部の中でも外来看護，入院病棟別看護，手術看護が，それぞれアメーバとして部門別採算制度を採用します。各部門が管理できる経費を収入から差し引いて収益が算出され，総時間で割った時間当たり付加価値が求められます。図表6.の特徴は，院内協力対価（収入・費用）です。これは各診療科に入る収入の中から，医師が各部門に出した注文依頼（オーダー）を出来高

の診療報酬の点数を基準にして対価として各部門に支払うという仕組みです。例えば，整形外科の総収入が 100 万円とします。この収入のうち，外来看護部 20 万円，放射線科 30 万円，薬剤部 15 万円などを支払います。これによって，収入のない各部門でも診療科から支払われたものを収入とします。院内協力対価によって各部門の活動成果が数値化され，職員は経費と時間の節減に取り組むようになり，時間当たり付加価値を高めるために収入の増加を目指すようになります。また，他部門への協力（繁忙時の病棟看護部から外来看護部支援）や部門間の協力（栄養管理部と薬剤部の協力で，栄養指導による薬剤の変更を医師に提案）など，各部門間のコミュニケーションが活発化し，全員参加型の経営に取り組むようになるとともに，アメーバの責任者が経験を積むことで管理者の育成にもなっています。

### 図表 6. 部門別原価管理表

(円)

| 収入 | | 46,000,000 |
|---|---|---|
| | 外来 | 15,000,000 |
| | 入院 | 30,000,000 |
| | 院内協力収入 | 4,000,000 |
| | 院内協力費用 | 3,000,000 |
| 経費 | | 23,730,000 |
| | 医薬品費 | 12,000,000 |
| | 医療材料費 | 11,000,000 |
| | 事務消耗品 | 250,000 |
| | 学会費 | 80,000 |
| | 水道高熱費 | 400,000 |
| 収益 | | 22,270,000 |
| 時間 | | 2,400 |
| | 定時間 | 2,000 |
| | 残業時間 | 400 |
| 時間当たり付加価値 | | 9,279 |

出所：KCCS マネジメントコンサルティングを参考。

## ⓘ 第 18 章のまとめ

- □ 大きな組織も小さい単位で全員に責任を持たせる日本発の組織管理。
- □ 時間単位の利益を尺度として成果を評価して，社員にやる気を起こさせる。

参考文献

廣本敏郎『原価計算論』中央経済社，2013 年。

上総康之「日本的経営と機会損失の管理」『企業会計』Vol.66. No. 2，2014 年。

挽　文子「病院の改革とアメーバ経営」『會計』185 巻 4 号，pp.30-43，2014 年。

谷　武幸『エッセンシャル管理会計』第 2 版，中央経済社，2011 年。

## ケース： 事業部制って何だ

# 家電，脱「店任せ」専門力磨く，ビックカメラ，カメラ・オーディオに事業部制（ケーススタディー）

「中核の家電で商品や（商品）知識の専門性を高めろ」。社長の宮嶋宏幸が檄を飛ばした。「店舗任せにしすぎたな」。打開策として宮嶋の頭に浮かんだのは，酒類やスポーツ用品など非家電製品のような事業部制だった。これを家電にも応用しようと考えたのだ。まずはお家芸のカメラと苦戦続きだったオーディオ部門のてこ入れに動いた。準備期間を経て 2013 年 9 月に総勢 500 人弱のカメラとオーディオ事業部を発足した。

各店舗ごとの所属だった，カメラやオーディオの売り場担当を店から切り離して事業部の所属とした。商品部所属の仕入れ担当（バイヤー）も同様に事業部に組み入れたのだ。仕入れと販売を一緒の部にすることで「メーカーとの交渉から売り場での販売，プロモーションまで一気通貫の体制を作った」（宮嶋）。

「女性は服を試着するじゃないですか。ヘッドホンやイヤホンも数を置いて試せるようにしたらいいんじゃない」。14 年秋に始まった女性向けの「音乙女（おとめ）イヤホン・ヘッドホン」売り場の立ち上げにつながった。これまで女性用イヤホンなどは 2000〜3000 円台までの品ぞろえしかなかったが，売り場の立ち上げにあたって 3 万円の高級商品もそろえた。

米アップル傘下のビーツ・エレクトロニクスのヘッドホンや，米音響大手ハーマンインターナショナルのブランド「AKG（アーカーゲー）」など，世界で話題の商品を国内でいち早く扱えるようにもなった。他の量販店では例のない，自分の耳のかたどりをして作るオーダーメードのイヤホンの扱い店も拡大中だ。

カメラもウエアラブルの製品をいち早くコーナー展開した。旅行会社と組んで技術を教えるカメラ撮影会のバスツアー企画など新しい取り組みが次々と生まれている。（略）　　　　　　　　　　　　　2015/03/02　日経産業新聞

## 19 事業部制って何だ

### 19-1. 職能別組織と事業部制組織

　企業の規模が拡大化し，競争が激しくなるにつれて，組織も変化していきます。会社が大きくなると，社長1人で製造から営業，販売といった業務すべてを担うことはできません。そこで，経営トップが部下に業務の責任と権限を委ねることになります。この責任と権限を委ねることを「委譲する」といいます。責任と権限を，開発，製造，販売，人事などの職能区分に基づいて委譲する組織を「職能別組織」といいます（図表1.）。

図表 1.　職能別組織

```
                    ┌──────┐
                    │ 社長  │
                    └──────┘
      ┌───────┬───────┼───────┬───────┐
  ┌──────┐┌──────┐┌──────┐┌──────┐┌──────┐
  │開発部 ││製造部 ││販売部 ││経理部 ││その他 │
  └──────┘└──────┘└──────┘└──────┘└──────┘
```

　職能別組織は，それぞれの部門の目的が明確で専門性に優れているため，効率的に業務を行うことができます。分担している職能に重複がないので，売上増大，原価節減などそれぞれの目標に向かうことが容易です。一方，会社全体の利益よりも自部門の利益が中心となる，市場の急な変化への対応が遅れる，部門間の協力が得られにくいため連携がとりにくい，などの問題点も指摘されています。

　そこで，1920年代にアメリカのデュポン社が事業部制を取り入れました。事業部制組織では，企業を製品別，地域別，あるいは市

場別に分類し，それぞれの組織に開発，製造，販売などの職能部門をそろえて，独立した企業のように製造活動や販売活動などを行います。家電事業部，パソコン事業部などの「製品別事業部」，関東事業部，関西事業部などの「地域別事業部」，法人事業部，個人事業部などの「市場別事業部」といった単位に分類されます（図表2.）。

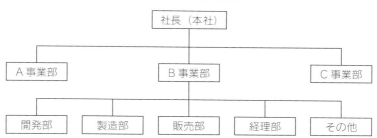

図表2. 事業部制組織

　事業部制のメリットは，①本社よりも製品，地域や市場の状況に詳しいので，市場の変化に敏感に反応して，迅速な意思決定ができる，②事業部ごとの活動成果を比較・評価することができるので，各事業部の利益責任を明確にすることができる，③大幅な自由裁量権が与えられた事業部長は，目標利益に対して強力なやる気がおきる，④事業部長は，将来の経営者としての全般的視野，包括的知識，判断力，経験を習得できる，などがあります。

　一方，デメリットは，①各事業部間で機能や業務の重複が生じて，全社的な観点からみると経営効率が悪くなり，企業全体の管理コストが増大する，②他の事業部との一体感が薄く，全社的な利益よりも自らの事業部の利益を優先する，③事業部に投資権限がない場合には，大きい投資案件は本社の承認・決定に従うことになり，意思決定が遅れることがある，などの点です。

　日本では，1933年に松下電器産業（現パナソニック）が独自の事

業部制を導入しました。それ以降，神戸製鋼所や三菱電機など多くの企業が事業部制を導入していますが，その形態はいろいろです。製造事業部と販売事業部に分ける職能別事業部制や，事業の幅が広く事業数が多い事業部をグループ化して事業本部を置く場合などです。事業部制は，食品，自動車や電機など製品数が多い企業が採用しています。現在，事業部制は，カンパニー制，持株会社制度へと組織再編も進んでいます。また，組織内でも職能別組織と事業部制組織のそれぞれのメリットを目指したマトリックス組織，プロジェクトごとに組織を編成するプロジェクト組織，各事業部の業務の重複を避けて共通化させるシェアードサービスなどがあります（20. 組織再編を参照してください）。

## 19-2. 日本とアメリカの事業部の違い

　組織の責任と会計上の責任を対応させる「責任会計」（18. ミニプロフィットセンターを参照してください）の視点から考えると，事業部には，プロフィットセンターとインベストメントセンターの2種類があります。プロフィットセンターは生産と販売，つまり原価と売上げ，その差額である利益に責任を持ちます。インベストメントセンターでは利益だけでなく，利益を生み出した投資資金の効率（投資利益率）に関しても責任を持ちます。日本の事業部はプロフィットセンターが多く，アメリカではインベストメントセンターがほとんどです。

　次のような2つの事業部があります。それぞれの事業部の売上げ，費用，利益，使用資本は図表3. です。投資利益率は，利益を使用資本で割った値です。

19 事業部制って何だ | 171

図表 3.

|  | A 事業部 | B 事業部 |
|---|---|---|
| 売上<br>費用<br>利益 | 600 億円<br>450 億円<br>150 億円 | 50 億円<br>20 億円<br>30 億円 |
| 使用資本 | 1,000 億円 | 100 億円 |
| 投資利益率 | 15% | 30% |

　A 事業部は B 事業部よりも利益は多いのですが，投資利益率は高くありません。逆に B 事業部は投資利益率は高いのですが，利益は多くありません。さてどちらの事業部の業績が良いといえるでしょうか。

　事業部制を初めて導入したアメリカでは，インベストメントセンターである事業部の業績は投資利益率で評価されます。アメリカでは，企業は株主のものだと考えられています。株主は，企業の投資利益率を指標として投資するかどうかを判断するので，企業も自社の投資利益率を上げようと努めます。しかも，事業部に投資権限が与えられているので，事業部も投資利益率を高めようとします。つまり，B 事業部の業績の方がいいということになります。ところが，投資利益率には次のような問題があることが以前から指摘されていました。

　例えば，B 事業部に次のような投資案 X が提案されたとします。投資案 X を採用する前後を比較してみましょう（図表 4.）。

図表 4.

| B 事業部 | 採用前 | 投資案 X | 採用後 |
|---|---|---|---|
| 売上 | 50 億円 | 15 億円 | 65 億円 |
| 費用 | 20 億円 | 10 億円 | 30 億円 |
| 利益 | 30 億円 | 5 億円 | 35 億円 |
| 使用資本 | 100 億円 | 40 億円 | 140 億円 |
| 投資利益率 | 30% | 20% | 25% |

　投資案 X を採用する前の投資利益率は 30% でしたが，採用後には 25% に低下しています。投資利益率を業績の尺度にすると，B 事業部長は投資案 X の採用を断念します。しかし，投資案 X を採用すると利益は 5 億円増えます。一般に，長期的に大きな利益を上げる投資案はすぐには利益が上がりませんが，小さい投資案は比較的早く利益を上げることができます。投資利益率で投資案の採否を決めると，短期的に効率の良いものが選択され，長期的視野に立った大きな利益を生む投資案は採用されにくくなります。1980 年代のアメリカの経済成長が遅れた理由として，投資利益率を投資案の採用基準にしたことによって，将来の長期的利益を視野に入れていなかったことがあげられます。

　一方，日本の事業部の多くは，プロフィットセンターです。プロフィットセンターは利益責任がありますが，投資権限がありません。1980 年代まで事業部長は，高度経済成長とバブル経済の影響もあり，投資額を考慮しないで利益，売上げに集中すればよかったのです。そのため売上高利益率や経常利益が指標とされていました。利益額を業績の判定基準とすると，投資額が大きな事業部の方が大きい利益を生みやすいので有利になります。図表 3. の例では，A 事業部の業績の方がいいことになります。また，図表 4. では，投資案 X は利益を増やすので採用されることになります。1990 年代の多くの調査から，80 年代の日本の企業の投資効率がか

なり低かったことがわかってきました。投資効率がかなり悪い案件でも，利益が優先されたのです。そして，投資の権限がない日本の事業部にも，投資額に効率性を求められるようになってきました。

### 19-3. 事業がいいのか事業部長が優秀なのか

事業部には大きな権限と責任が本社から委譲されているので，一定期間でその成果が評価されます。そのとき，事業部長が事業部の大幅な赤字を削減したという場合や，逆に事業部長によって成長期の事業部が低調になってしまうこともあります。事業部長は良くやっているのに事業がうまくいかないのか，それとも事業は成長しているのに事業部長がうまく育てられないのか。事業部と事業部長の評価は分けて考えることが必要です。

ここでは事業部長の評価を説明します。事業部長の業績評価では，事業部長が管理できる原価かできない原価か，が重要になります。例えば，販売費は営業部長には管理可能ですが，製造部長にとっては管理不可能です。本社の費用，電算機センターや税金などの事業部負担分や，投資の権限の与えられていない事業部の投資額は，事業部長には管理できない原価です。

下の事業部損益計算書は，売上げから管理可能費と管理不可能費を差し引いて事業部利益を表しています。事業部長は，事業部利益ではなく，売上げから事業部長が管理できる管理可能費だけを差し引いた管理可能利益で評価されます。

**事業部損益計算書**

|  |  |
|---|---|
|  | 売上高 |
| （－） | 管理可能費 |
|  | 管理可能利益 |
| （－） | 管理不可能費 |
|  | 事業部利益 |

## 19-4. 事業部の業績評価

図表4.からわかるように，事業部の業績を投資利益率で評価すると，株主が期待する利益率を超える事業が有利になりますが，利益を失うことがあります。しかし，アメリカでは，ほとんどの企業が事業部の業績評価に投資利益率を活用しています。投資利益率は事業の投資効率としてわかりやすく，各事業部間の比較も容易であるためと考えられます。一方，日本の80年代までの企業のように利益額で事業部を評価すると，投資効率の悪い事業でも利益があれば良いことになります。このように事業部を評価する指標が，「投資効率」か「利益額」かは難しい問題です。

そこで，利益額に投資効率を考慮した指標が「残余利益」です。残余利益は，事業部利益から，事業に使用された資本（使用資本）を調達するために発生したコストを引いて求めます。銀行からの借入金の利率と，株主への配当金や株主の要求する利率から求めた利率を「資本コスト」といいますが，使用資本に資本コストをかけたものが，使用資本を調達することから発生するコストです。

残余利益＝事業部利益－使用資本×資本コスト

事業部利益から使用資本に資本コストをかけたものを差し引くことで，投資の一定の効率を維持するとともに，事業部で使用する資本が利息や配当金なども負担していることを認識させます。

図表5.のX事業部は，Y事業部より事業部利益は大きいのですが，投資利益率は小さいです。このような場合に，事業部利益から資本の調達コストを差し引いて投資効率を考慮した残余利益は，重要な指標です。そのため，事業部がプロフィットセンターとして損益計算書を作成するだけでなく貸借対照表も作成して，事業部に投下された資本の調達源泉をはっきりと認識することが必要になります。アメリカでは，GE（ジェネラルエレクトリック社）がいち早く採

図表 5.

|  | X 事業部 | Y 事業部 |
|---|---|---|
| 売上 | 600 億円 | 50 億円 |
| 費用 | 450 億円 | 30 億円 |
| 事業部利益 | 150 億円 | 20 億円 |
| 使用資本 | 1,000 億円 | 100 億円 |
| 資本コスト | 10% | 10% |
| 資本コスト×使用資本 | 100 億円 | 10 億円 |
| 残余利益 | 50 億円 | 10 億円 |
| 投資利益率 | 15% | 20% |

用しています。

　日本では，残余利益を純粋に利用している企業は少ないのですが，残余利益と同じような効果を持つ指標が古くから使われてきました。それが「社内金利制度」です。この制度は，貸借対照表の貸方側にある借入金，資本金などに着目して，その調達コストを事業部利益から差し引くというもので，残余利益と同じ効果があります。社内金利制度は，パナソニック，日立製作所，キヤノンなど多くの日本企業で採用されています。

---

⚠ **第 19 章のまとめ**

☐ 事業ごとに分けて競争させることで，会社全体が活性化し利益が増大する。

☐ 事業部長や事業部をどう評価するかによって，社員のやる気が変わる。

---

参考文献

櫻井通晴『管理会計』第 6 版，同文館出版，2015 年。

岡本　清『原価計算』六訂版，国元書房，2000 年。

ホーングレン, C. T. 他『マネジメント・アカウンティング』渡辺俊輔監訳，TAC 出版，2004 年。

| 177

## ケース： 組織の再編とシェアード・サービス

# 「アマゾン銀行」認めるか，
# 金融庁，異業種参入を議論，
# 銀行の商業進出も焦点

　米アマゾン・ドット・コムが日本で銀行業を始めたいと言い出したら，金融庁は認可するのだろうか。米国は規制の壁が厚く，異業種参入を事実上禁止。一方，日本はセブン銀行や楽天銀行など参入を認めている。商業と銀行の融合が新たな金融リスクを招くのか否か。ポイントの１つは銀行業界への異業種参入に関する文章。「金融サービスと非金融サービスとの間の境界が曖昧になってきている」と現実の動きを追認した上で，「情報サービス会社」が親会社になることを想定するよう訴えた。この文言は２つの解釈がある。１つは現在，銀行業を営むメガバンクなどが持ち株会社を情報サービス会社に転換するシナリオ。もう１つはアマゾンやグーグル，19日に新規上場するフリーマーケットアプリで国内最大手のメルカリのような会社がM&A（合併・買収）するシナリオだ。

　日本は異業種参入に寛容な国だ。1990年代後半，インターネット銀行の設立に向けた動きが出始め，金融当局が2000年５月に銀行参入の目安を示す監督指針を出した。これが事実上解禁されたと映り，後のセブン銀行も誕生した。楽天がイーバンク銀行を買収し，楽天銀行にしたり，イオン銀行が破綻した日本振興銀行を吸収するなど，既存銀行を異業種が買うことも，日本では免疫ができた。一方，銀行が商業など異業種に進出することは厳しく制限している。銀行は財務の健全性を保つ目的で，業務内容を厳しく制限されているためだ。「楽天は銀行を経営できるが，銀行は楽天を経営できない」と言われる理由だ。

　20年ぶりの議論は「異業種参入を厳しく制限するのか否か」「銀行の異業種進出を認めるか否か」の両面から進みそうだ。（略）　2018/10/07　日経ヴェリタス

## 20 組織の再編とシェアード・サービス

### 20-1. 組織の変更

　1933 年，松下電器産業（現パナソニック）は，日本で初めて独自の事業部制を導入しました。2001 年には事業部制を解消して，グループ 5 社の株式を 100% 所有して完全子会社にしました。ところが 2013 年に事業部制を復活させ，そして 2017 年，事業部制を廃止してカンパニー制を導入しました。また，1994 年，ソニーが日本で初めて「カンパニー制」を導入して以来，キヤノン，三菱商事などカンパニー制へと移行する会社が増えました。1997 年，独占禁止法の改正をきっかけに，セブン＆アイ・ホールディングス，みずほフィナンシャルグループなど「持株会社制度」へ組織を変更した企業もあります。このように企業は，多様化，複雑化する顧客のニーズに応えるために，組織の形態を変化させています。この組織の再編はどのように行われるのでしょうか。

### 20-2. 事業部制からカンパニー制へ

　アメリカの事業部は，利益責任だけでなく投資責任も持つ「インベストメントセンター」ですが，日本の事業部の多くは，利益責任だけを負う「プロフィットセンター」です。この日本の事業部にインベストメントセンターとして投資権限だけでなく，多くの権限を与えた独立採算の組織を「カンパニー制」といいます。事業部制では，重要な意思決定，経営や人事に関する内容については，本社の承認が必要です。「本社に持ち帰って返答いたします」では迅速な

意思決定はできません。そこで，事業部に投資権限，採用や配置などの人事権を委譲するとともに，事業に必要な資本金や借入金を設定して資金の調達も管理させるのです。このようにカンパニーは社内の1つの組織ですが，独立した会社のように扱われます。

図表1．カンパニー制

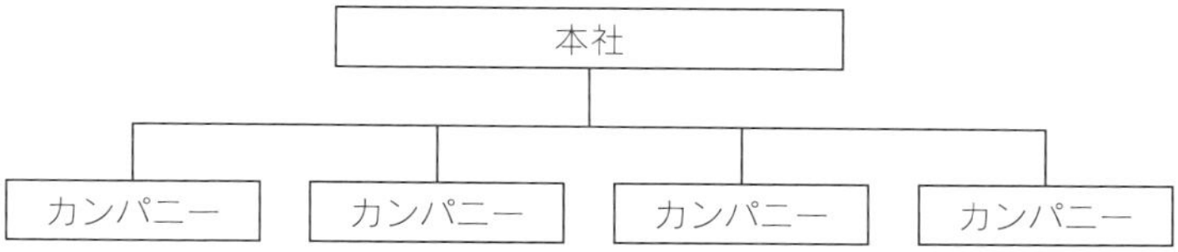

```
                        本社
    ┌──────────┬──────────┼──────────┬──────────┐
 カンパニー   カンパニー   カンパニー   カンパニー
```

カンパニー制の特徴は，

① インベストメントセンターとして投資や人事などの強力な権限が委譲されているので，独立性が高く責任が明確になり，企業内競争が生まれる。

② 意思決定のスピードが加速し，顧客の多様なニーズや市場の変化に迅速に対応できる。

③ 経営を疑似体験する人材が増えて，次世代のリーダーの育成ができる。カンパニー単位で人事・採用を行うことができる。

④ 本社は戦略策定に集中して，カンパニーは戦略の実行に専念できる。

⑤ 調達した資金を効率的に管理できる。

などがあげられます。特に管理会計として重要なのは⑤です。事業部制では，利益責任があるので事業部損益計算書を作成しますが，カンパニー制では投資権限もあるので貸借対照表も作成し，銀行の借入金の利子や株主の配当金や要求利率も満たした効率的な資金の運用が要求されます。

## 20-3. カンパニー制の問題

カンパニー制には次のような問題も指摘されています。

① 事業の重複が生じてコストが増大する。

② 独立性の高いカンパニー制では，人事や技術の交流が希薄になる。

③ 企業全体の統治（コーポレート・ガバナンス）が効かなくなる。

などです。特に③は，カンパニーに強力な権限が与えられ，独立性の高い組織とすることで，企業内の競争力が強化されるというメリットとは逆に，それぞれのカンパニーが結果至上主義に陥りやすく，情報の隠ぺいや決算の粉飾などにつながる危険性が指摘されています。そのため，企業を統制する仕組みである監視機構などのコーポレートガバナンスの強化が必要となります（4.企業の社会的責任を参照してください）。

ソニーのウォークマンがアップルのiPodに瞬く間に市場を奪われたのは，カンパニー制の独立採算制にあったといわれています。当時のソニーには，音楽コンテンツ，配信の技術，ネットワークやパソコン，再生プレーヤーなどiPodを生み出すのに必要な要素はそろっていました。それにもかかわらず，アップルに追い抜かれてしまったのは，各事業が協力するのではなく競争していたからです。独立採算制のもとでは，社内の競争状態を生み出し，シナジー（相乗効果）が生まれる可能性は減少します。目先の利益を追求する縦割りの組織からは，イノベーション（技術革新）は生まれにくいのです。

また，東芝の不正会計の原因の1つとして，コーポレート・ガバナンス（企業統治）が作用しなかったのもカンパニー制にあるといわれています。カンパニー制では，利益を出さないカンパニーの存続は難しくなります。悪い情報はカンパニー内に隠ぺいし，本社財務部も隠ぺいを容認して見逃し，監査部も数字だけの監査を行って

いたのです。そして，多くの会社のカンパニーにもいえることですが，カンパニーの長である執行役員が取締役を兼務していたために，自分のカンパニー事業を全社的視点から見直すことができませんでした。

カンパニー制の欠点を補い，社内の組織であるカンパニーを事業会社として独立させ，グループとして管理する仕組みが持株会社制度です。

## 20-4. カンパニー制から持株会社制度へ

1997年，改正独占禁止法が施行され，純粋持株会社が認められました。今まで社内カンパニーだった個々の事業を事業会社として分割し，本社がグループ全体の株式を持つだけの持株会社となります。また，2002年には連結納税制度が導入され，グループ全体での納税が可能になりました。

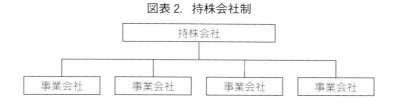

図表2. 持株会社制

カンパニー制から持株会社制度へ移行するメリットは，
① 事業の運営は傘下の事業会社が担当するので，持株会社の業務はグループ全体の方針設定や資源配分などの戦略的な意思決定に集中できる。事業会社に権限を完全に委譲すれば，個別事業の意思決定が迅速かつ効率的になる。
② 事業会社のもとに重複した機能や事業を整理統合し，必要な事業を他社から買収するなど事業会社の業務を明確にし，その業績が連結業績として明確になる。

③　その結果，M&A（企業合併・買収）や経営環境の変化に対応して，不採算事業の売却，事業選別と新規事業への参入など事業拡大・再編が容易になる。

④　事業会社の経理や人事などの間接業務を整理するとともに，事業会社に対する内部監査やコーポレート・ガバナンスを強化する。

などがあります。

　三菱ケミカルホールディングスは，三菱ケミカル，田辺三菱製薬，生命科学インスティテュートと太陽日酸を事業会社に持つ持株会社で，化学，製薬と産業ガスのそれぞれのメリットを生かしたシナジー効果（相乗効果）を上げています。2014年，ソニーフィナンシャルグループは，それまでの生保，損保，銀行に加えて介護事業「ソニー・ライフケア株式会社」を事業会社とし，M&Aによる事業展開を行っています。2016年，横浜銀行と東日本銀行は経営統合してコンコルディア・フィナンシャルグループを設立しました。両行は，首都圏を共通の営業地盤としていますが，営業エリア・顧客基盤・得意とする業務分野などに競合関係が少なく，補完関係が多いことから収益力の強化を目指しています。

　一方，当初想定した成果が出ていないケースもあります。富士電機ホールディングスは当初，事業会社の経営意欲やコスト改善などが統合効果として評価されていましたが，その後，事業会社間の壁や新事業が生まれにくい経営体質などの問題で，持株会社を解消しました。雪印メグミルクや双日ホールディングスなどのように，持株会社による統合後，数年以内に部門の重複や重複コスト削減等の体制を見直し，完全な統合・合併のために持株会社解消が行われた事例もあります。

　このように，市場環境の変化へ迅速に対応するために，事業の買収，統合や廃止などの整理・拡大を比較的スムーズに行うことがで

きる持株会社制は多くの会社で行われています。

## 20-5. シェアード・サービス

　みずほ総合研究所の調査によると，持株会社の約8割が，事業会社の間接業務を集約させてグループ全体のコスト削減を行っています。間接業務とは，経理業務，給与計算業務，システムサポートなど規模が大きいほど効果が得られる業務です。カンパニー制から持株会社制度への移行のメリットにあるように，グループ内で分散して行われている人事，経理，総務といった間接業務は，事業会社にそれぞれ重複しています。事業の組織を整理するときに，この重複する業務の整理が行われ，「シェアード・サービス」というマネジメント手法が取り入れられることがあります。

　シェアード・サービスは，人事会社，経理会社や総務会社にあたる組織を社内外または子会社に集中し，必要な業務であるかどうかを検討します。具体的には，重複した人や設備などの経営資源を削減，大量購入による単価の引き下げ，教育研修効果の向上などによって，コスト削減や外部企業へのサービスの提供による利益獲得などを目的としています。大手企業A社は，グループ企業が80社あり，それぞれに経理部門があって，経理に関わる人員は300人を超えていました。決算時は忙しいですが，それぞれの決算時期が異な

るので，暇なときには他社の応援に行くことが可能です。そこでシェアード・サービスを導入して，繁忙期にあわせて，人員の移動と配置を変更した結果，人員を 30% 削減することができました。

　シェアード・サービス・センターは，間接業務を集約してコストを削減するだけの「コストセンター」とする場合や，サービスを提供することで収益を上げて「プロフィットセンター」として機能させる場合などさまざまな形態があります。大阪ガス，日清製粉グループ本社は，本社の 1 部門のシェアード・サービス・センターに業務を集中させ，間接業務の従業員のやる気を促進しています。アサヒビール，NTT は，シェアード・サービスを子会社として業務を明確にし，今までの間接業務のコストと比較することでコスト意識を高めています。また，中間業務に従事していた社員が子会社へ転籍することによって人件費の節減になり，その結果，グループ本社をスリム化しました。日立系 7 社，花王は，異なる企業グループ数社で業務を集中させ，規模を大きくしてコスト削減を図っています。

---

⚠ **第 20 章のまとめ**

☐　どのような組織にすれば，社員は働きやすいか，会社の利益が増えるか。

☐　シェアード・サービスは，組織を再編するときに大きなコストダウンが期待できる。

---

> [参考文献]

園田智昭『シェアード・サービスの管理会計』中央経済社，2006 年。
園田智昭「持株会社による企業グループ管理の課題」『三田商学研究』Vol.48, No.1, 2005 年。
みずほ総合研究所「持株会社はどのように子会社管理を行っているか」2013 年。

《著者紹介》

**香取　徹**（かとり・とおる）

1978 年　横浜国立大学経営学部卒。
1985 年　慶應義塾大学大学院商学研究科博士課程単位取得。
1992 年　獨協大学助教授。
1995 年　米国イリノイ大学客員研究員。
1998 年　獨協大学教授。
博士（商学）慶應義塾大学

**主要著書**

香取　徹『キャッシュフローで考えよう！　意思決定の管理会計［改
　訂版］』創成社，2018 年。
香取　徹『資本予算の管理会計』中央経済社，2011 年。
伊藤・香取・松村・渡辺『キャッシュフロー管理会計』中央経済社，
　1999 年など。

現在：獨協大学教授。立教大学大学院ビジネスデザイン研究科，中央
　大学大学院ビジネススクール，同アカウンティングスクール兼
　任講師。専修大学兼任講師などを歴任。（独）求職者雇用支援
　機構高度ポリテクセンターなどで社会人対象のセミナーを担
　当。

（検印省略）

2019 年 4 月 20 日　初版発行　　　　　　　　　　略称─管理会計

# 管理会計って何だろう
─町のパン屋さんからトヨタまで─

著　者　香取　　徹
発行者　塚田　尚寛

発行所　東京都文京区　　**株式会社　創成社**
　　　　春日 2-13-1

電　話　03（3868）3867　　ＦＡＸ　03（5802）6802
出版部　03（3868）3857　　ＦＡＸ　03（5802）6801
http://www.books-sosei.com　　振　替　00150-9-191261

定価はカバーに表示してあります。

©2019 Toru Katori　　　　　組版：緑　舎　　印刷：エーヴィスシステムズ
ISBN978-4-7944-1535-6 C3034　　製本：宮製本所
Printed in Japan　　　　　　　落丁・乱丁本はお取り替えいたします。

## 簿記・会計選書

| | | | |
|---|---|---|---|
| 管理会計って何だろう<br>―町のパン屋さんからトヨタまで― | 香 取　　徹 | 著 | 1,900円 |
| キャッシュフローで考えよう！<br>意 思 決 定 の 管 理 会 計 | 香 取　　徹 | 著 | 2,200円 |
| 日 本 簿 記 学 説 の 歴 史 探 訪 | 上 野 清 貴 | 編著 | 3,000円 |
| 全 国 経 理 教 育 協 会<br>公式 簿記会計仕訳ハンドブック | 上 野 清 貴<br>吉 田 智 也 | 編著 | 1,200円 |
| 現 代 会 計 の 論 理 と 展 望<br>― 会 計 論 理 の 探 究 方 法 ― | 上 野 清 貴 | 著 | 3,200円 |
| 人 生 を 豊 か に す る 簿 記<br>― 続・簿 記 の ス ス メ ― | 上 野 清 貴 | 監修 | 1,600円 |
| 簿 記 の ス ス メ<br>― 人 生 を 豊 か に す る 知 識 ― | 上 野 清 貴 | 監修 | 1,600円 |
| IFRS 教 育 の 実 践 研 究 | 柴　　健 次 | 編著 | 2,900円 |
| IFRS 教 育 の 基 礎 研 究 | 柴　　健 次 | 編著 | 3,500円 |
| 非 営 利・政 府 会 計 テ キ ス ト | 宮 本 幸 平 | 著 | 2,000円 |
| 監 査 人 監 査 論<br>―会計士・監査役監査と監査責任論を中心として― | 守 屋 俊 晴 | 著 | 3,600円 |
| 活動を基準とした管理会計技法の展開と経営戦略論 | 広 原 雄 二 | 著 | 2,500円 |
| ライフサイクル・コスティング<br>― イ ギ リ ス に お け る 展 開 ― | 中 島 洋 行 | 著 | 2,400円 |
| アメリカ品質原価計算研究の視座 | 浦 田 隆 広 | 著 | 2,200円 |
| ソ フ ト ウ ェ ア 原 価 計 算<br>―定量的規模測定法による原価管理― | 井 手 吉 成 佳 | 著 | 2,700円 |
| 会 計 の 基 礎 ハ ン ド ブ ッ ク | 柳 田　　仁 | 編著 | 2,600円 |
| 監 査 報 告 書 の 読 み 方 | 蟹 江　　章 | 著 | 1,800円 |

（本体価格）

―――――― 創 成 社 ――――――